濱田孝一
Koichi Hamada

有料老人ホーム 大倒産時代を回避せよ

花伝社

有料老人ホーム　大倒産時代を回避せよ◆目次

はじめに

私の仕事は、有料老人ホーム・高専賃などの高齢者住宅の経営コンサルタントです。その役割は、過去と現在を分析することによって未来のビジネスチャンス・ビジネスリスクを発見し、経営者の視点に立って専門的・技術的なサポートを行うことにあります。これまでも、多くの開設相談や経営相談を受けてきましたが、最近は「事業計画にアドバイスが欲しい」という開設にかかわるものだけでなく、「経営が安定しないのでどうすればよいか」「再生計画を立てたい」という相談も増えています。

私がこれらのコンサルティングを行うにあたって、すべての相談者に最初にお話をしていることがあります。それは、現在の高齢者住宅・介護保険制度・報酬がそのまま続くという前提で事業計画・再生計画を策定してはいけない、ということです。

高齢者住宅事業の特徴は、営利目的の事業でありながら、行政の制度・報酬変更に経営が大きく左右されるという点にあります。立場的に言えば、「介護報酬は上がるのが好ましい」「規制は少ない方がありがたい」のですが、残念ながら現在の制度・報酬体系がこのまま続くことはないと考えています。

その理由は二つあります。

一つは、現在の制度設計・報酬設計には問題や無駄が多いということです。厚労省と国交省の綱引き・縄張り争いの中で生まれた「有料老人ホーム」と「高齢者専用賃貸住宅」の二つの制度は、入居者保護施策を有名無実化し、その歪みが、社会保障費を横取りする劣悪な無届施設などの低所得者ビジネスを増加させる原因となっています。

また、軽度要介護高齢者に厚く、重度要介護高齢者に薄い特定施設入居者生活介護の報酬単価や、方向性の見えない一方的な総量規制は、どちらも数百億円単位の非効率な財政運用の温床となっています。その結果、同じような高齢者住宅事業を行っても基礎となる法律や規制が違っており、介護報酬の適用方法の選択によって、受け取る報酬が変わってくるという、制度の根幹に関わる問題が発生しています。

現在でも「早目の住み替えニーズの高専賃」は次々と開設されていますし、一部の都道府県では、総量規制を緩和し、自立高齢者も要介護高齢者も一緒に入居対象とする「混合型の一般型特定施設(介護付有料老人ホーム)」を増やそうとしています。しかし、それらのコンセプトで策定されるものは、対象者が中途半端で重度要介護状態の入居者が増えると対応できなくなります。この混合型は、私たちから見ると、高齢者住宅としてはまぎれもなく欠陥品で、長期的な視点から事業として成功する可能性はほとんどありませんし、介護保険財政の効率的運用という側面からも、最悪の選択です。

高齢者住宅事業は、超高齢者社会において不可欠な事業ですが、行政のミスリード、近視眼的な対策によって、大混乱しているというのが実情です。

もう一つの問題は、末期的とも言うべき日本の財政状況です。

成立した二〇一〇年度予算九二兆円のうち、当初の国債発行残高だけで過去最高の四四兆円を突破、二〇一一年度末の国の借金（国債残高・政府保証債務）は九七〇兆円と、一〇〇〇兆円に近づく莫大なものとなっています。地方自治体の借金もすでに二〇〇兆円を超えています。この借金を返す見込みは全く立っておらず、逆に団塊の世代の高齢化によって社会保障費は右肩上がりで増えていきます。年金、医療、介護などの社会保障関係費は、二〇〇七年の九一兆円から、二〇二五年には、一五〇～一六〇兆円になるとの見通しです。

「消費税は一〇％後半程度」「社会保障財源に」という話も聞こえてきますが、消費税一％換算で税収は二兆円程度ですから、五％から一五％になっても増加分（一〇％）は二〇兆円です。金利が上がれば借金の利息分にもならず、全額を社会保障費に充当できないことはもちろん、金額的にもそれだけで賄うことは不可能です。高齢社会、超高齢社会の到来は、何十年も前からわかっていたことなのですが、バブル景気とその崩壊の波の中で、その対策がほとんど取れていないだけでなく、大きな重荷を背負ったままで、突入しているのです。

介護サービス事業、高齢者住宅事業は、この社会保障の財源問題を避けて通ることはできません。

景気浮揚の兆しはほとんど見えず、その対策も行われていませんから、二〇一一年度の予算は、さらに厳しいものとなることは確実です。莫大な借金を抱えながら、子供に手当を支給し、お年寄りにも手厚い対策を行い、かつ借金は増やさないということができるはずがありません。国家財政、地方自治体の破綻が目前に迫る中で、社会保障費だけが右肩上がりで増えていくというシナリオは、一〇〇%ないのです。

私は、消費税の大幅アップ、地方自治体の財政破綻が続けば、社会保障にもパラダイムシフトが起こる可能性は高く、その変遷の過程で、大きな混乱は避けられないと考えています。

本書は、『有料老人ホームがあぶない——崩壊する高齢者住宅事業』(花伝社)の続編とも言うべきものです。前著で述べた課題に対して、どのような対策を取るべきかを中心に述べていますが、残念ながら高齢者住宅事業の崩壊を完全に回避することはできないと考えています。ですから、本書の論点は崩壊のダメージをどのように最小限に食い止めるのかにあります。

ただし、二一世紀日本が直面する高齢者への「介護対策、住宅対策、低所得者対策」を一体的に、かつ効果的・効率的に推進していくためには、民間の高齢者住宅が大きな役割を果たし、その安定供給が不可欠だということも事実です。

本書では、「基本ルール設定」「監査指導体制の強化」「介護と福祉の分離」「地方行政のマネジメント力の強化」を中心に論を展開しています。量的な観点から大きな政府に逆戻りさせるのではなく、必要なことは民間に委託し、限られた財源を効率的に運用するためには、行政の管理機能、チェック体制の強化は必要だと考えるからです。これまで福祉施策に限定されていた介護サービス事業に民間活力を導入するためにこそ、その土台作りを国の責任で担わなければなりません。途中で土台がぐらぐらと揺らいでは、産業としての健全な育成・発展など、できるはずがないのです。

積極的な議論、前向きな批判は大歓迎です。本書がこれからの「高齢者の住まい」がどうあるべきかという方向性の一つとして活発に議論され、早急に対策がとられることを願ってやみません。

Ⅰ　直面する倒産の危機

第1章　始まる高齢者住宅大量倒産時代

介護保険制度の発足以降、右肩あがりで増加してきた有料老人ホーム・高齢者専用賃貸住宅などの高齢者住宅事業ですが、その一方で経営が悪化する事業者が増えています。

ある日突然、有料老人ホームが倒産、介護・食事などのサービスが止まると、入居者は生活を続けられず、退居を余儀なくされます。「終《つい》の住処《すみか》」を求めて、自宅を売却し、高額の入居一時金を支払っているケースも多く、年齢的にも、その後の生活を立て直すことは簡単ではありません。特に要介護高齢者は、サービスが止まれば一日も生きていけませんから、入居者だけでなく、家族の生活をもまきこんでの大混乱となります。

『読売新聞』の調べ（二〇〇九年一二月一八日）によると、経営困難によって閉鎖された有料老人ホームは、二〇〇六年以降で六五件、事業主体が変わったところは、三四二件に上るとしていますが、その事業内容、収支の特殊性を考えると、有料老人ホームの経営悪化・倒産が表面化するのはこれからです。この数年のうちに、経営が悪化し倒産、事業閉鎖となる有料老人ホームが急増し、大きな社会問題となることは避けられないと私は考えています。

なぜ倒産ホームの急増が危惧されているのか、まず高齢者住宅事業が直面する収支課題について述べます。

一　経営が安定しない有料老人ホーム

●日本社会の重要問題

超高齢社会を迎える日本の課題の一つは、自宅で生活できない高齢者の住まいをどのように確保、整備していくのかです。

高齢者住宅の需要の増加は、団塊世代の高齢化という人口動態の変化だけでなく、核家族化による家族介護機能の低下、クッションの役割を果たしてきた医療機関への長期入院の削減など、複合的な要素がからんでいます。要介護高齢者の発生割合が高くなる後期高齢者（七五歳以上の高齢者）人口は、団塊の世代の高齢化によって、二〇〇五年の一一六四万人から、二〇二五年には二一六六万人へと一気に増加。高齢者大婦（少なくとも一方が七五歳以上）のみの世帯は一七一万世帯から三四〇万世帯、独居（一人暮らし）高齢者は一九七万人から四〇〇万人に達すると予測されており、高齢者の三分の二以上が高齢者夫婦のみ、または一人暮らしとなります。

故郷で元気に暮らしていたはずの老親が、ある日突然、脳梗塞・骨折などで入院。子供たちはその時に初めて高齢者介護の現実に直面します。「命に別状がない」とホッと一安心したのもつかの間、病状が安定すれば、病院からは早期退院を求められます。しかし、筋力は低下し、身体に麻痺が残る場合、階段や段差の多い自宅で生活することはできません。あわてて特養ホームを探してもどこも待機者で一杯、「これからどうする！」「誰が面倒を見るの！」と、子供の間でいさかいになるというのは、ドラマの中だけの話ではありません。

現在でも高齢者が高齢者を介護するという老老介護、認知症の高齢者が認知症高齢者を介護するという認認介護、孤独死、介護虐待、介護疲れによる無理心中など、悲しい事件が頻発していますが、本格化するのはこれからです。

確実に増加する需要に対して、有料老人ホーム、高齢者専用賃貸住宅（高専賃）などの民間の高齢者住宅が急増しているのですが、ただ、それは「数を増やせばよい」という単純なものではありません。量的増加とともに、不可欠となるのが「経営・サービスの安定」です。

住宅は、利用するサービスではなく生活の基礎、根幹となるものです。派遣労働者の打ち切りでも浮き彫りとなったように、住居が不安定になると生活そのものが崩壊することになります。特に、高齢者住宅は、「介護・看護・食事」などの生活サポートサービスが一体的に提供されており、これら必須のサービスが止まれば生活を続けることができなくなります。また、有料老人ホーム入居者の場合、自宅を売却して高額の入居一時金をホームに支払っているケースも多く、自宅での生活に戻ることもできません。入居している老人ホーム・高齢者住宅の倒産は入居者・家族にとって、最大・最悪のリスクなのです。

しかし、現状を見ると「需要は高まる」と参入したにも関わらず、入居者・スタッフが集まらず経営が悪化するホームは増えています。現在の状況について話をすると「新しい事業であり多少のトラブルは当然」「ノウハウが蓄積されれば経営は落ち着く」と楽観的に考えている向きも多いようです。しかし、残念ながら問題はそう簡単ではありません。経営悪化の原因は、たんなるノウハウ不足ではなく、長期安定的に運営できるサービス、システムとして成立していないという根本的な問題を抱えているからです。

●介護保険制度発足とともに

このトラブル、経営悪化が頻発している背景には、民間の高齢者住宅急増を後押しした特殊な社会環境があります。介護保険制度が発足したのは二〇〇〇年（平成一二年）、後年「失われた一〇年」と呼ばれる未曾有の大不況の中での船出でした。出口の見えない長く暗いトンネルの中で、超高齢社会に向けての成長産業として介護サービス事業・高齢者住宅事業に対する期待は一気に高まります。

この「介護サービス事業はこれからの事業」「高齢者住宅の需要は必ず高まる」という大きな期待の中で、これまで介護事業や高齢者事業に関係がなかった他業種からも多くの事業者が参入しました。また、ブームに乗って介護や高齢者に対する知識が全くない、また財政的安定に乏しい「お金儲けがしたい」「一山あてたい」というベンチャー企業も大挙参入しています。この「過剰な期待」の中で、短期利益だけを求めて猪突猛進するという経営姿勢は、リスクを無視した「開設ありき」「建設ありき」のずさんな事業計画を誘発することになります。

経営が悪化している有料老人ホームの事業計画を見ると、入居率が九〇％、九五％と高い比率で算定されていたり、都合よく、つぎつぎと入居者が入れ替わることが前提となっている収支計画が少なくありません。さらに、高い想定利益率がどのように導き出されているのかわからないものや、中には収支計算があっていないようなものまであります。

特殊な経営環境の中で、楽観的な収支予測で開設された有料老人ホームの事業計画は、「入居者は集まるはずだ」という認識の下で策定され、利益がでるように数字が調整されているため、経営環境の変化や特殊な事業リスクに耐えられる長期安定経営が可能な商品設計・システムとなっていないのです。

多くの人が勘違いしていますが、高齢者住宅事業は社会保険を利用するという特殊な事業であり、需要と事業性が一致するわけではありません。また、高齢者住宅という産業全体のパイが大きくなることはまちがいありませんが、個別の老人ホームの入居定員は決まっており、「前年比、売上五％アップ」といった売上・利益率が高くなるというタイプの事業ではありません。長期安定経営が不可欠な社会性・公共性の強い事業であり、流行の短期利益を追い求めるビジネスモデルが適用されるような業態ではないのです。

二　直面している収支悪化の要因

当初の想定よりも収支が悪化している要因は、それぞれに違いますが、大きく分けると四つ挙げられます。経営悪化の原因はこの四つのどれか、もしくはこれらの複合的なものです。なぜ、いま高齢者住宅バブル崩壊の可能性が高まっているのか、ここでは、急増した介護付有料老人ホームを中心に、直面している収支悪化の要因について、述べていきます。

1　入居者不足

収支悪化の第一の要因は、入居者不足です。

どのような詳細な収支計画を立てても、入居者が集まらなければ、その事業計画は全て崩壊します。最近開設されるものの中には「開設時に入居者がほとんど決まっていない」「開設から一年経過しても入居率は二割程度」というところもあります。「有料老人ホームの需要が高まる」と勢い込んで開設したのに、こんなはずではなかったと頭を抱えている事業者は少なくありません。

この入居者が集まらない最大の原因は、マーケティング不足です。「マーケティングは業者に委託してしっかり行った」という言い訳をよく聞きますが、見てみると、たんにその地域の要介護高齢者数、独居高齢者数やその増加予測を洗い出した程度のものが少なくありません。全国的に要介護高齢者数・独居高齢者世帯数は増えることは確かですが、実際にすべての高齢者住宅に入居者が集まっているわけではないということも、厳然たる事実です。

問題は二つあります。一つはマーケティングの精度です。

そもそも、商品設計のためのマーケティングは、市場調査によってデータを集めることではなく、そのデータ分析に重点が置かれなければなりません。しかし、民間の有料老人ホームなどの高齢者住宅事業は、ここ一〇年程度で急増しているまだ新しい事業であり、比較対象となる基礎データが整っているわけではありません。バックデータが充実しているコンビニなど、他の業界と比較するとマーケティングの精度は格段に落ちるのです。

これは「開設ありき」のマーケティングに陥りやすいということでもあります。特に、高齢者住宅は、需要が高くなるというイメージが先行しています。「開設したい」「開設してほしい」という立場でマーケティングを行うと、ほぼまちがいなく「需要は高い、開設すべし」という結果がでてきます。この予想が当てにならないことは、公営地下鉄の乗客数見込み、博覧会・イベントの来場者予想と同じです。

もう一つの原因は、「商品内容・コンセプト設計」をイメージせずにマーケティングが行われているということです。一口に有料老人ホームと言っても、「重度要介護高齢者に対応できる手厚い介護サービス」「医療ニーズに対応できる看護師配置」「元気な高齢者が悠々自適な生活を満喫するもの」など、そのコンセプトによってサービス内容・価格はそれぞれに違います。

また、介護付有料老人ホームでも、その基礎は住宅事業です。年をとってから、これまで全く縁のなかった場所に暮らすという高齢者は少なく、本人がこれまで住んでいた場所、子供が住んでいる場所の近くなど、何らかの地縁がある場所が選ばれます。その地域性・地域ニーズに合った商品設計・価格設定がなされていなければ、入居者は集まりません。さらに、同じ市町村の中でも、それぞれの土地柄というものもあり、山手、海側、駅をはさんでの表側と裏側だけでも、それは違ってきます。その市に住んでいない人にしか、わからないこともたくさんあります。市町村単位、あるいは丸円を書いた中の高齢者数を比較し、他の地域で成功したからと言って、どこでも同様の結果が得られるわけではないのです。

「需要が高まっているのに入居者が集まらない」ということは、商品としてみた場合のサービス・価格などの設計がまちがっているということです。「入居者が増えれば……」「成長の伸びしろがある」といった言い方がされますが、商品としての魅力がないのであれば、入居者募集活動に力を入れても入居者は集まりません。逆に何度も広告が流されると「何か問題があるのではないか」「経営があぶない」といったイメージで敬遠されることになります。

事業計画の策定段階での損益分岐点は、入居率八〇％程度で設定されているものが多いとされていますが、数年経過しても五〇％未満というところも少なくありません。しかし、高齢者住宅事業は、入居率に関わらず、土地建物の借入金返済、介護スタッフ人件費などの固定費比率の高い事業です。また、入居率が一〇％、二〇％であっても、入居者が生活している場合、途中で手を上げて、簡単に撤退するわけにはいきません。経営を続ければ続けるほど、赤字が膨らみ、巨額の負債を溜め込むことになるのです。

2　人件費の高騰

二つ目の要因は、スタッフ不足による人件費の高騰です。

比較的入居率の高い要介護高齢者を対象とした介護付有料老人ホームでも、経営が悪化しているところが増えています。その事業計画で目につくのが「抑えられた人件費」です。

バブル崩壊後の厳しい経済情勢、高い失業率の中で「介護サービスはこれからの事業」「人に優しい仕事」と介護関係の専門学校やホームヘルパーの資格取得希望者が急増しました。このイメージ先行の「募集すればいくらでも人は集まる」という未曾有の買い手市場は、介護報酬単価の設定に大きな影響を与えました。また、事業計画においてはパートスタッフを多用するなど、人件費総額が低く設定される要因となり、ひいては介護付有料老人ホームの低価格化の一因にもなりました。

しかし、それから一〇年が経過した今、逆に「キツイ仕事の割には給与が安い」というイメージが定着し、介護の仕事を離れる人が増えています。当初の事業計画で定めた人件費では、十分なスタッフを確保できなくなっているのです。

私は、老人病院や老人ホームで介護の仕事をしていましたが、介護という仕事は、人の役に立ち、必要とされ、感謝されるすばらしい仕事です。しかし、その一方で、責任が重く、精神的にも身体的にもキツイ仕事であるということも事実です。超高齢社会を豊かで安心できるものにするためには、それを支える優秀な介護スタッフを社会全体で育てるという認識が必要です。そのためには「やりがい」だけでなく、それに見合った報酬のあり方を考えなければなりません。

しかし、そうだからと言って「経営悪化は国の責任だ」と言うのはまちがっています。介護保険で介護付有料老人ホームに適用される一般型特定施設の報酬単価は、途中で下がっているわけではありません。介護労働市場の変化によって、介護スタッフが集まりにくい、人件費が上がるというのは、本来経営者が負うべきリスクです。特に、介護付有料老人ホームの事業計画は、建物・設備・食事・相談など、様々なサービスを含めて一体的に価格設定されています。その中には、介護報酬と比べて人件費が抑えられており、その差額で利益を想定しているというものもあります。その利益が確保できないからと言って介護報酬の責任にするのはまちがいです。

介護サービス事業は、介護スタッフが直接、高齢者に介護を提供するという純粋なサービス業です（図表1）。「スタッフの質」は「サービス・商品の質」ですから、人件費を確保するということは、サービスの質を確保し、優秀なスタッフを育てることにつながります。また、労働集約的

図表1　介護付有料老人ホームの特性

①	労働集約的な事業で、サービス提供のために多くの介護スタッフが必要
②	支出に占める人件費割合は高く、ベースアップによって総額は増えていく
③	退居や入院等で入居者数が変化しても、それに応じたスタッフ調整が簡単にはできない
④	スタッフ配置は指定基準や入居契約で定められており、これを下回ることはできない
⑤	終身契約が基礎となっており、人件費が高騰しても簡単に入居者に転嫁できない
⑥	ベースアップによって、人件費総額は増えても、介護報酬は変わらない

な事業であり、収入に占める人件費比率は高く、定期昇給やベースアップによって、人件費総額は増えていきます。一〇年経過しても、ほとんど給与が変わらないということになれば、優秀なスタッフを引き止めることはできないでしょう。

本来であれば、給与水準を上げてでも優秀なスタッフを確保したいところですが、有料老人ホームの多くは終身利用契約が基礎となっているため、人件費増加を利用料価格に転嫁することは簡単ではありません。また、人件費総額はベースアップなどによって増えていくのに、介護報酬はそれに応じてアップする仕組みにはなっていません。

全国的に介護スタッフ不足は慢性化しており、「入居希望者がいてもスタッフがいないために受け入れられない」といったケースも増えています。

サブプライムローン問題以降、急速に景気が悪化していることから、一部地域では、介護サービスへの求職者が回復傾向にあるという話も聞きます。しかし、政府の社会保障国民会議資料によれば、全国で必要となる介護職員数は、二〇〇七年の一一七万二〇〇〇人から二〇二五年には少なくとも二一一万人、最大で二五五万人に上ると試算されています。少子化によって、根本的に支える介護スタッフ数は減っていくのですから、介護スタッフ数は絶対的に不足し、優良なスタッフの確保が今以上にむずかしくなることはまちがいありません。

また、スタッフ不足によって、二〇〇九年の介護報酬単価はアップしましたし、二〇〇九年一〇月からは「介護職員処遇改善交付金」が交付されています。しかし、政府の借金は右肩上がりで増えており、介護保険財政・社会保障財政が逼迫する中で、そのまま上向きの介護報酬改定が可能か否かは言うまでもないでしょう。

構造的・慢性的な介護スタッフ不足は、サービスの低下だけでなく、人件費の高騰を招き、収益を悪化させています。そしてその原因は一時的なものではなく、事業計画の見通しの甘さ、つまり商品設計上、価格設定上のミスにあります。そのまま経営しても、収支が改善する可能性は低く、経営環境はさらに厳しくなっていくのです。

３　保険収入の減少

収支悪化、三つ目の要因は、介護保険収入の低下です。

事業計画よりも介護保険収入が低下している介護付有料老人ホームが目につきますが、その要因は二つあります。一つは入居率の設定です。

これは入居者不足にも関連することですが、高齢者住宅の収支計画を見ると、初年度から入居率が高く設定されているものがあります。収支シミュレーション上、入居率を高く想定すると利益率が高くなるか、または価格を抑えることができます。周辺の老人ホームと比較して、価格を抑えることができれば、競争力が高まり、入居率が高くなると考えることもできます。

その考えがまちがっているわけではありませんが、低価格化路線は、事業に精通した、独自のノウハウを持つ事業者のみが取れる戦略であり、資金力やノウハウの乏しい新規参入事業者が選択できる手法ではありません。実際に入居率が想定通りに確保できない場合、すべての収入が当初の見込みを大きく下回ることになります。キャッシュフローの予測が立たなくなり、固定費がかさみ、運転資金の追加借り入れが必要となるなど、初年度から経営が大混乱するのです。

もう一つの問題は、介護保険収入の算定基礎となっている平均要介護度の設定です。介護付有料老人ホームの事業計画を見ると、「平均要介護３」として計算されているものが多いのですが、実際の入居者は、要介護1～要介護2といった軽度要介護高齢者が多いところが目につきます。特に、介護スタッフ配置の少ないホームでは、その傾向が強いようです。

それは、介護付有料老人ホームと言っても、これに適用される特定施設入居者生活介護の指定基準の【３：1配置】程度のスタッフ配置では、重度要介護高齢者の割合が高くなると必要な介護サービスが提供できなくなるからです。特定施設入居者生活介護の介護看護スタッフ配置基準は特別養護老人ホームと同じですが、重度要介護高齢者の多い特養ホームでは、基準以上にスタッフを配置するところが増えています。さらに、有料老人ホームは全室個室ですから、複数人部屋の特養ホームと比較するとサービスの効率性は大きく低下します。要介護高齢者が多くなれば、共用部、共用設備、エレベーターの容量などの設備や介護動線が整備されていなければ、移動介助にも手間・時間がかかりますから、必要なスタッフ数はより多くなります。

また、少ないスタッフ数で、重度要介護高齢者が多くなると、介護スタッフ個々人への負担が重くなりますので、スタッフは老人ホーム内を走り回ることになります。トラブルや事故も増えますし、新人スタッフに対して十分な教育ができません。その結果、過重労働に耐えられずつぎつぎとスタッフが退職するということになります。

実際、入居者選定にあたって「食事介助が必要な高齢者は、これ以上は無理」「排泄介助は自立の方をお願いします」ということは、よく聞く話です。ですから、要介護１、要介護２といった比較的、要介護度の軽い高齢者を優先的に入居させるということになるのです。

当然、想定よりも要介護度が軽度になれば、事業者の介護保険収入は低下します。介護報酬単価を単純に比較すると、要介護３（七一一単位）と要介護２（六四一単位）の単価の差は一日七〇単位です。五〇人の入居者として単純に計算すると、年間一二七万七五〇〇単位、金額に直すと約一二七七万円の収入が減ることになります。その他の収入・支出は変わりませんので、それだけ経常利益の差として現れることになります（図表２）。

これに対して、「開設当初はスタッフが慣れていないから軽度を優先している」「入居者の要介護

図表２　要介護度のちがいによる介護保険収入のちがい
――介護付有料老人ホーム（一般型特定施設）で入居者50人の場合

	介護報酬単価（１日）(A)	同年間単価 (B＝A×365)	入居者１人当たり年間収入 (C＝B×10)	総年間収入 (D＝C×50)
要介護２（X）	641 単位	233,965 単位	2,339,650 円	116,982,500 円
要介護３（Y）	711 単位	259,515 単位	2,595,150 円	129,757,500 円
差（Y－X）	70 単位	25,550 単位	255,500 円	12,775,000 円

度は重度化していくので問題ない」という意見もあります。たしかに、入居時は軽度でも、加齢によって身体機能が低下し、重度化していくことから、数年後には「平均要介護３」程度にはなると思います。

その準備ができているのではあれば問題はありません。ただ、実際の業務を考えると「平均要介護３」というのは、半数以上が「要介護３・要介護４・要介護５」の重度要介護高齢者が多いという状況です。そうなると、逆に、今度は【３：１配置】程度のスタッフ配置では現場がもたない、最低限のサービス提供すらできないという問題がでてきます。

介護サービス事業は、労働集約的な事業であり、一人の介護スタッフができる介護サービス量は、一人分だけです。ベテランであっても、一人で何台もの車イスを同時に押したり、何人もの高齢者に食事を介助できるわけではありません。

その結果、目が行き届かなくなり、トラブルや事故が増え、ストレスがかかり、退職者が増えるということになります。しかし、「介護が必要になっても安心」と募集しているのですから、「重度要介護高齢者は退居してください」ということはできません。

この保険収入の減少による収支悪化は、「一時的な収支悪化要因」ではなく、介護スタッフ不足の問題とリンクしています。問題は、介護保険収入が低いということだけでなく、根本的にサービス設定・価格設定がまちがっており、そのままのシステムで長期安定経営を行うことはむずかしいのです。

4　入居一時金方式——長期入居リスク

ここまで、介護付有料老人ホームの収支悪化要因について、三点挙げました。この話を経営者対象のセミナーなどでですると、「そのような事業所もあるかもしれないが、全体的には安定的に経営されている」「一部だけを取り上げて経営があぶないというのは違うのではないか」という指摘を受けることがあります。

たしかに、多くの有料老人ホーム・高齢者住宅の経営が悪化しているということではありません。公表されている資料（「介護事業経営実態調査」二〇〇八年）を見ても、平均として見た場合、一定の利益は確保されています。中には「介護サービス事業の中で安定して利益がでているのは介護付有料老人ホームだけだ」という人もいます。

しかし、注意しなければならないことは、高齢者住宅事業の場合、「今、利益がでている」ということと「経営が安定している」ということとは、必ずしも一致しないということです。この数年

図表3　入居一時金のしくみ
——償却期間5年の場合——

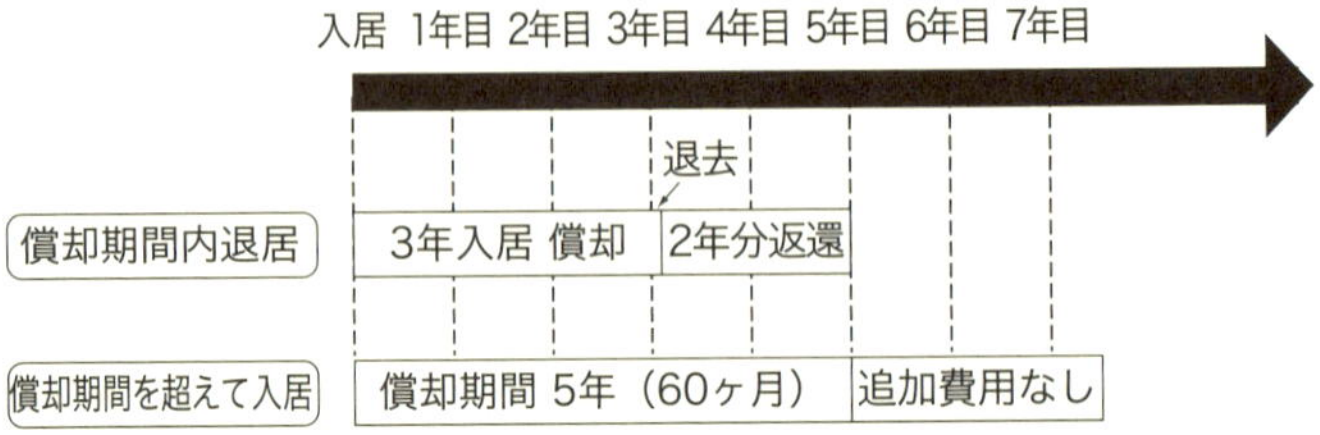

のうちに発生する収支課題として最も危惧されるのが、「隠れ収支悪化要因」とも言うべき、入居一時金経営の長期入居リスクです。

●入居一時金方式のメリットとリスク

住宅商品としてみた場合、有料老人ホームの最大の特徴は、居室や共用部を利用するという利用権と、その利用権料を入居時に一時金で購入してもらうという価格設定方法にあります。最近は、この利用権料を毎月支払うという月払いのホームも増えていますが、国民生活センターの調べ（二〇〇六年）によると、月払との併用・選択を含め、介護付有料老人ホームでは全体の約九〇%、住宅型でも七〇%が、利用権にかかわる入居一時金を設定しています。

この入居一時金には、終身利用できる権利（終身利用権）と償却期間の前払いという二つの意味を持たせているのが一般的です。償却期間が五年だとすると、三年で退居した場合、二年分の利用権料が前払いされていたとして入居一時金の一部が返金されます。逆に五年を超えて入居しても、終身利用できる権利を得ているとして追加費用が必要ないということになっています（図表3）。

この入居一時金は、高齢者住宅の価格設定方法としてはよく考えられたものです。

有料老人ホームへの入居を考える高齢者は、預貯金などの金融資産をある程度持っていても、毎月の収入は年金が中心となります。入居一時金が支払えるのであれば、毎月の支払いが抑えられる方が安心だという声はよく聞きます。

事業者のメリットも小さくありません。開設時に一定のスタッフを確保する必要がありますが、一気に入居者が集まるわけではありませんし、介護保険報酬の受け取りは請求から二ヵ月後となります。入居一時金を設定することによって、開設当初のキャッシュフローが潤沢となり、当初の経営を安定させることができます。

しかし、この特殊な価格設定方法はメリットばかりではありません。今後、最大の経営悪化要因として顕在化するのが「長期入居リスク」です。

入居一時金の「終身利用権」は、入居者から見れば総支払額が大きくなることに対する保険の役割を果たしていると言えるのですが、逆に事業者から見た場合、償却期間を超えた場合の利用権料（家賃相当）を減額・免除していることになります。設定した償却期間を超えて、長期入居となる高齢者が増えると、その負担は事業者にかかってきます。つまり、利用料収入が得られなくなるために、収支は大きく悪化するのです。

一例を挙げてみましょう。平均五〇名の高齢者が入居していると仮定しています。償却期間内で入れ替わりがありますが、五年目までは全入居者から当該年度の利用権料を償却することができ、

図表４　長期入居リスクとは
――入居一時金５００万円、償却期間５年の場合の利用権収入低下の事例――

	償却期間内の入居者数（人）	償却期間を超えた入居者数（人）	入居者数計（人）	当年度の利用権収入（万円）
１年目	50	0	50	5000
２年目	50	0	50	5000
３年目	50	0	50	5000
４年目	50	0	50	5000
５年目	50	0	50	5000
６年目	30	20	50	3000
７年目	30	20	50	3000
８年目	20	30	50	2000
９年目	20	30	50	2000
１０年目	20	30	50	2000

年間の利用料収入は五〇〇〇万円（五〇〇万円÷五年×五〇人）となります。しかし、六年目に入ると初年度から入居している高齢者の償却期間は終了しますから、この入居者が二〇人いるとすると、収入は二〇〇〇万円のマイナスとなります。全くサービス内容、入居率が変わらなくても、六年目には利益率は一気に悪化するのです（図表４）。

●長期入居リスクが高まる理由

この長期入居リスクが高まっている理由は二つあります。

一つは、サービス内容の変化です。有料老人ホームは、居室や設備などの「住宅サービス」と食事・介護・相談などの「生活サポートサービス」の複合サービスです。介護保険制度発足以前の元気な高齢者を対象とした有料老人ホームは、支出の中で住宅部分が大きく、生活サポートは食事や相談などの受動的なサービスが中心で

図表５　入居一時金、償却期間、利用権料の関係

	入居一時金	償却期間	１年間の利用権料
Ａホーム	600 万円	5 年	120 万円
Ｂホーム	600 万円	10 年	60 万円
Ｃホーム	1200 万円	10 年	120 万円

入居一時金÷償却期間（年）＝１年間の利用権料

した。富裕層を対象としたものが多く、入居一時金は数千万円以上で、入居者が予定通り集まれば、実際のサービス運営で大きな負債を抱える可能性は高くありません。そのため多くの有料老人ホームで、高額の一時金収入を借入金返済に回し、利息を軽減するという経営手法が採られていました。分譲マンションに近い収支形態だったと言えるでしょう。入居一時金経営のメリットは大きく、リスクは小さいと言えます。

これに対して、介護付有料老人ホームではこのバランスは逆転します。支出面で介護や看護などの生活サポート部分が大きくなり、住宅部分の居室はワンルームタイプで、一時金の金額も数百万円程度のものが増えています。そのため人件費の高騰などによって運営が失敗すれば、人件費を中心とする生活サポート関連の出費で、一気に入居一時金を食いつぶします。入居一時金のメリットは小さく、逆にリスクは拡大しているのです。

もう一つの理由は急激な低価格化です。

入居一時金は「償却期間内の利用権料の前払い」ですから、一年間の利用権料が同じならば償却期間と入居一時金の金額は比例関係にあります（図表５）。介護保険制度以前の富裕層向け有料老人ホームは、償却期間を一五年以上と長期に設定していました。居室の広さや設備の違いもありますが、入居一時金が高額だったのは償却期間が長く設定されていたということも一つの原因です。

　これに対して、要介護高齢者を対象とした有料老人ホームでは、後期高齢者が中心になると想定し、償却期間を五年〜八年程度と短くしています。これにはデフレ環境の中で、一時金の金額を抑えたいというインセンティブも働いています。また、短期的に見れば、償却期間を超えれば、入居者に返還すべき未償却金がなくなるため、できるだけ償却期間を短くした方が、その時点での利益が確保できます。

　しかし、償却期間が短くなるということは、長期入居リスクが高まるということでもあります。加えて、述べたように想定以上に軽度要介護高齢者が多いことから、平均入居期間が長くなっていることもリスク顕在化の要因となっています。

　この問題が大きく取り上げられないのは、長期入居リスクは顕在化するまでわからないからです。この長期入居リスクは、「入居者がどれだけ長生きするか」であり、決算書などの数字には表れてきません。入居一時金を「償却期間内の利用権料」としてのみ考えると、高額に設定されていますから一定の入居者が集まると償却期間内は必ず利益がでます。

　しかし、その利益の約半分は税金です。つまり、税金を支払って、リスクを繰延べしているにすぎないのです。この特殊な入居一時金経営では、「決算内容が安定している」「過去三年は黒字」と言っても、それは経営が安定していることを表していません。

　さらに問題は、この入居一時金の未償却部分のキャッシュフローが、運営資金として組み込まれていることです。

今でも「入居者不足」「人件費高騰」などで経営が悪化している事業者は増えていますが、倒産となるところは、それほど多くありません。それは、実際は大赤字でも、この入居者の前払いされた入居一時金を使ってキャッシュフローが回っているからです。しかし、償却されていない入居者の利用権の前払金は、将来に受けとる利用権料であり、償却期間内で退居した時には返済義務のあるものです。言い換えれば、将来の収入を先食いしながら生き延びているにすぎません。

有料老人ホームが急増したのが二〇〇三年以降だということを考えると、この数年で最初の償却期間が終了し、長期入居リスクが顕在化することになります。その時に入居一時金方式を取る有料老人ホームの経営の実態が初めて現れてくるのです。

三　住宅事業の特性——長期修繕計画の不備——

もう一つ、短期的な問題ではなく、住宅事業の特性として、収支が悪化する可能性について、指摘しておきたいと思います。

●三〇年、四〇年という長期経営

有料老人ホーム、高専賃などの高齢者住宅事業は、事業内容の側面から見ても、事業収支から見ても三〇年、四〇年という長期安定経営が必要です。たとえば、飲食業や販売業の場合、「お客の入りが悪いので店をたたむ」「売上げが悪いので廃業する」ということはよくありますが、住宅事業は、人が住むのですから、極論を言えば、一人でも入居者がいれば、事業者の都合だけで「今月末で廃止します」「来月には出て行ってください」ということはできません。これには、借家権などの法的な居住権の問題もでてきます。三〇年、四〇年で終りではなく、入居者が生活されている以上、ずっと続いていくもの、続けなければならないものなのです。

これは、住宅事業の収支の特性にも関係しています。事業の定期借地の場合、三〇年、五〇年という長期にわたる契約になりますし、土地購入、建物建設などにあてる金融機関からの設備融資は、二〇年の返済計画が組まれます。

介護付有料老人ホームでも、その基礎は介護サービス事業ではなく住宅事業ですから、訪問介護サービスのように、収支条件は毎期同じではありません。その収支は、大規模修繕や借入金返済などを含め二〇年、三〇年という長いスパンで収支が一回りします。「いま利益が出ているから経営は安定している」と言えるものではなく、「この時期にどの程度の利益が確保されていけなければならないか」という長期的な視点で経営状態をチェックしなければならないのです。

●長期修繕計画――ホームの価値を保つために

開設相談で持ち込まれる事業計画を見ていて、長期的な視点から気になるのが修繕費用の積み立てです。建物・設備は、開設時が最高の状態で、年月が経てば必ず劣化していくものです。トイレや入浴設備など、今は最新設備でも、毎年つぎつぎと新しく高機能のものが発売されていますし、白く美しい外壁も、汚れやひび割れが目立つようになります。不動産としての、建物・設備の価値が経年劣化によって下がっていくということは避けられません。

特別養護老人ホームを例に挙げてみましょう。特別養護老人ホームは、昭和三〇年代からある古い制度です。新しく開設・建設されるものは、目を見張るほどきれいで豪華ですし、設備も充実しています。しかし、一五年、二〇年経つものは、外壁も汚れていますし、内部も暗く、せまく、古いという印象は否めません。

介護保険制度以前の措置入所の時代には、入所したい老人ホームを選ぶことはできませんでしたから、「できれば新しい施設がよい」という要望はよく聞きました。調べたわけではありませんが、介護保険制度以降は、特養ホームへの直接申し込みになりましたから、当然、新しい施設の方が入所希望者は多くなっているでしょう。福祉施設としての特性を考えると、そのような要望が正しいとは言えませんが、同じ費用であれば、新しい施設、きれいな施設に入りたいと思うのは人情でしょう。

ところが、民間住宅事業の場合は、この問題はダイレクトに価格に反映されます。一般の分譲マンションでは、誰かが先に住んでいた場合は、「中古」として価格が下がります。竣工から一年以上経過した場合は、新築として売り出すことはできず、価値が下がることになります。賃貸マンションでも、近くに新しいマンションができ、経年劣化によって建物や設備が古くなってきた場合、大きく改修するか、家賃を下げなければ競争力は低下し、新しい入居者は集まらないでしょう。

しかし、有料老人ホームには、民間の住宅商品という面がありながら、その流通や価格設定において「中古」という概念がありません。入居一時金一二〇〇万円、月額利用料二五万円という金額設定のものは、一〇年経っても一五年経っても、また開設当初に入居する高齢者も、三番目に入居する高齢者も同じ金額で販売し続けるということが前提として、収支計画が立てられています。

たしかに、生活サポートを重要な柱とするという事業の性格上、一般住宅の場合の「中古」という価格設定は、そぐわないかもしれません。また、住宅の新しさや建築年数だけですべてのサービスの質が決まるわけでもありません。ただ、建物・設備が古くなることによって競争力がなくなるということは事実です。今後もつぎつぎと新しい高齢者住宅が開設されていきます。同程度の価格で、近くに新しい有料老人ホームが開設されれば、一〇年、二〇年前の古い有料老人ホームは、見向きもされなくなります。どれだけ美辞麗句を並べられても、壁の汚れやひび割れの目立つ、それも高額の有料老人ホームに入りたいとは思わないでしょう。

市場原理にもとづく、民間の集合住宅である以上、建物や設備は古くなっていくのに、一〇年・二〇年同一の価格で売れ続けるということは、ありえないのです。その問題点を解決し、当初の入居一時金・利用料を維持しつづけるためには、定期的な点検修理を行い、その資産価値・商品価値を高いレベルで維持し続けなければなりません。

しかし、その重要性と比べ、この長期修繕計画を詳細に検討している事業者・事業計画は驚くほど少ないというのが現実です。一〇年目や一五年目に、「三〇〇〇万円」「五〇〇〇万円」などの修繕金額が上げられている場合でも、その金額は本来必要な額より、かなり小さく見積もられており、中身・内容を確認すると「この程度は必要でしょう」「詳細はその時の余裕資金で考えましょう」という程度でしかありません。

思い通りに利益が確保できなければ、修繕は後回しになっていきます。また、計画的に修繕が行われなければ、毎年の収支が安定していても、「大規模修繕」によって、経営が一気に悪化することになります。毎期利益がでていたとしても、その金額が小さければ、収益など一気に吹き飛んでしまうのです。

当初の五年、一〇年は、それほどの費用が必要になるわけではありません。しかし、一五年、二〇年となると、外壁の修復、設備の入替えなど、建設工事費の二〇％～三〇％程度の高額な費用が必要です。今後、多くの高齢者住宅で、確実にこの修繕費用が収支悪化リスクとして経営にのしかかってくることになります。

四　有料老人ホームは倒産する

●倒産が顕在化しなかった理由

もちろん、現在運営されている有料老人ホームの多くは、その重要性、社会性、公共性を理解し、様々な収支悪化リスクを考えながら着実に運営されています。しかし、その一方で、需要増加に対する過剰な期待の中で、不動産投機の対象となり、バブル的に急増してきた面があるということも事実です。

人件費の高騰やスタッフ不足、入居者不足で、経営が悪化するところが増えていますが、現在のところ倒産はそれほど顕在化していません。それは、まだ「高齢者住宅事業に参入したい」と企業の合併・吸収（M＆A）などで事業を継承する事業者が存在するからです。二〇〇六年以降で事業主体が変わったところは、三四二件に上る（『読売新聞』調べ）と述べました。数十箇所の有料老人ホームを運営する企業がそのままM＆Aで譲渡されたというケースも含まれていると思いますが、二〇〇九年一〇月現在でも有料老人ホーム数は四四〇〇程度ですから、非常に高い割合です。

これには、特定施設入居者生活介護の総量規制で、介護付有料老人ホームの新規開設が実質的にストップしていたという制度変化も影響しています。私のところにも、「有料老人ホームに参入したい」「よい出物はないか」という相談は、いくつもありました。

実際、これまでのＭ＆Ａを見ると、介護付有料老人ホームはその将来性が高く評価され、高額で譲渡されています。特に最初の数年間は、特殊な入居一時金経営によってキャッシュフローは潤沢で黒字経営が続くからです。

しかし、述べたように、入居一時金経営を行っている場合、最初の数年間の決算内容は経営状態を正確に表しているわけではありません。長期入居リスクが顕在化し、実質的な経営状態が明らかになってくると、その実態が現れてきます。一部の有料老人ホームのＭ＆Ａ価格は暴落し、倒産・事業閉鎖となる老人ホームが激増することになるでしょう。

高額な有料老人ホームには、自宅を売却して入居一時金を支払っているような高齢者も少なくありませんが、このような場合、支払った入居一時金はほとんど戻ってきませんから、新しい有料老人ホームに入居することさえできません。

●介護付有料老人ホームが倒産すると

要介護高齢者を対象とした介護付有料老人ホームの倒産はさらに深刻です。入居者にとっては住居がなくなるということだけでなく、介護や食事などのサービスが止まると生きていけません。倒産発覚から数日の間に、次の生活の場所を探す必要があります。しかし、特養ホームは一杯ですから、そう簡単に行き先が見つかるものではありません。事業者が倒産してしまえば、これらの手配を誰の責任で行うのかも不透明になるため、現場・入居者・家族は大混乱に陥ることになるでしょう。

二〇〇七年に秋田県仙北市で倒産、事業閉鎖となった介護付有料老人ホーム「花あかり角館《かくのだて》」のケースでは、行き場のない高齢者は特例として地域の特養ホームなどに分かれて引き受けてもらわざるをえなかったと言います。入居者の生命・生活を守るには、このような避難措置を取らざるをえませんが、仲の良かった夫婦が違う特養ホームに別々に入所となるケースもあったと言います。さらに、その地域で特養ホームへの入所を待っていた緊急度の高い高齢者は、後に回されることになります。その負担は、入居者・家族だけでなく、その地域の介護・福祉ネットワークにも広がることになります。入居者・家族の混乱は、倒産せずにM＆Aなどで譲渡先が見つかった場合や、事業者が入れ替って運営が継続される場合でも同じです。

述べたように、これらの経営悪化の原因は、「開設ありきのずさんな事業計画」にあります。初めから事業計画そのものが、長期安定経営が可能な商品として成立していないものもあり、事業ノウハウや経営手腕のある事業者に譲渡されても、それだけで運営や収支が改善されるわけではありません。

また、有料老人ホームの居住者の権利は、借家権ではなく利用権というあいまいで非常に弱い権利です。入居一時金を支払い、終身利用権を取得していたとしても、事業者が変われればその権利が自動的に引き継がれるわけではありません。サービスのカット、入居一時金の追加徴収、月額費用などの改定が行われることになっても抗弁することはむずかしく、そのサービスでは生活が維持できない人や追加費用を支払えない場合は、退居せざるをえなくなります。

さらに、経営ノウハウの乏しい事業者に引き継がれると、結局は事業の再生ができないため、二次破綻、三次破綻となり、そのたびに入居者はサービスカット、費用負担増が求められるといったケースも出てくるでしょう。

経営者が変わらなくても、値上げやサービスカットが行われる可能性もあります。有料老人ホームの契約書にはふつう「月額費用は消費者物価指数・人件費等を勘案し、値上げすることがある」と記されています。ところが、価格改定の際の基準やルールがあるわけではありません。実際、一方的に「月額三万円〜五万円」の価格改定を入居者に通告し、非常識だと大きなトラブルになっているところもあります。事前に入居者・家族を含めた運営懇談会などの意見を聞くとされていますが、現在の価格でサービスが維持できない場合、「サービスカットか価格改定か」「価格改定か倒産か」の選択が求められることになります。

これは、制度の不備も大きく影響しています。

介護サービスは、高齢者の生活に密着したサービスです。また、高齢者住宅事業は、たんなる利用サービスではなく、生活の根幹となるサービスです。そのために、長い間福祉施策に限定されていたのです。福祉施策から民間の営利事業として門戸を広げるためには、同時に入居者保護、悪徳業者排除、業界の健全育成ための体制整備が不可欠だったはずです。

しかし、「競争原理の導入によるサービス向上」というメリットばかりが喧伝され、「短期勝ち逃げ」「勝ち組・負け組」といった時代背景の中で、その競争に負けた老人ホームの入居者がどうなるのかが、全く考えられていません。現在の制度では、「入居者の選択責任」が前面に押し出され、全て行き場のない、立場の弱い入居者や家族に経営悪化・収支悪化のツケが回されるという状況になっているのです。

II

入居者保護の決め手

介護保険制度の発足によって、介護サービスには市場の競争原理が導入され、これまで画一的だった福祉施策の時代と比較すると、サービスの選択の幅が広くなりました。特に、介護付有料老人ホームなどの高齢者住宅の分野では、手厚い介護サービス、二四時間看護師常駐などの介護システムだけでなく、居室の広さ、設備、価格帯なども含め、選択肢は大きく広がっています。ニーズが多様化する現代社会において、サービス・価格を選べるということは重要なことですし、同時に、企業間のサービス競争によって、消費者によりよいサービスがより安く提供されるというメリットもあります。

ただ、その前提なるのは、どこに入居しても「安心して生活できる」「契約通りサービスが提供される」という最低限の質が保証されているということです。

安定した住居は、生活の根幹であり、住居が不安定になると、生活そのものが崩壊することになります。特に、高齢者は、何度も転居することがむずかしく、弱い立場に立たされやすいことから、不透明な経営によって倒産したり、サービスが劣悪だったりすると、回復できないほどの大きなダメージを受けることになります。

しかし、実際には、最低限のルールづくりさえ行われておらず、入居者保護施策は全く整っていません。それどころか、介護保険制度以降、「自由競争」「契約・選択責任」ばかりが前面に押し出され、入居者保護は大きく後退しているというのが現実です。事業者は玉石混淆で、劣悪な環境での生活を余儀なくされる高齢者も増えています。私は、経営状態やサービスの内容を適正に把握し、最低限の質の確保を行うという監視・指導体制の強化は不可欠だと考えています。

Ⅱでは、現在の入居者保護施策の問題点とともに、有料老人ホーム、高専賃など、高齢者住宅の共通ルールの設定、指導監査体制の強化に向けてどのようなシステムを構築すべきかについて考察します。

第2章　指導監査体制を強化すべき

一　第三者のチェック体制が不可欠な高齢者住宅事業

私は、業界の健全な発展のためには、有料老人ホーム、高専賃などの「高齢者住宅のチェック体制の強化が不可欠だ」と考えていますが、その理由は三つあります。

一つ目は、高齢者住宅は利用するサービスではなく、生活の根幹となる住宅サービスだということです。住居が不安定になると、生活そのものが崩壊することになります。特に、対象が要介護高齢者の場合、一般の住居と違い、介護、看護や食事などのサービスが一体的に提供されていますから、サービスが劣悪だったり突然ストップすると、入居者は生命の危機に陥る可能性もあります。要介護高齢者を対象とした介護付有料老人ホームが倒産・閉鎖になれば、地域の介護福祉ネットワークを混乱させるほどの大問題となるということは述べた通りです。

二つ目は、一度入居すると、入居者・家族が弱い立場に立たされやすいということです。

全国の消費者生活センターには、有料老人ホーム（無届施設を含め）に関して、毎年三〇〇件から四〇〇件を超える相談が寄せられています。しかし、その八割は入居中ではなく、退居時のトラブルです。事業の性格上、退居する時に多くのトラブルが発生するということは事実ですが、入居中の相談が極端に少ないのは、家族や入居者の多くが入居中は満足しているのではなく、「不満があっても言い出せない」ということの裏返しです。実際、家族と話をすると「自分が介護できないので仕方ない」「文句を言って追い出されると困る」「入居中の母親が嫌な思いをするのではないか」といったあきらめにも近い意見が聞かれます。

高齢者は適応力が低下するために、何度も住み替えることができません。特に、自宅を売却して高額の入居一時金を支払っている場合、入居者・家族には、その老人ホームで生活し続ける以外に選択の余地がありません。クレームや意見をどの程度汲み取っているのかは事業者によって大きく違いますが、「介護＝福祉＝お世話になっている」というイメージは、いまだ強く残っており、お客様であるはずの入居者・家族が弱い立場に立たされやすいということは事業の特殊性として理解する必要があります。

三つ目の問題は、外部からは見えにくい閉鎖的な事業だということです。

高齢者住宅内での高齢者虐待の問題が大きく取り上げられるようになっています。二〇〇九年、火災で多くの入居者が亡くなった群馬県の無届施設「静養ホームたまゆら」のケースでは、夜間に入居者が外出しないように外側から鍵がかけられていたそうですし、二〇〇七年に発生した千葉県浦安市のケースでは、夜間は入居者が動けないように、両手をベッドの柵に紐でくくっていたという虐待事件が発生しています。

文章で書くとわかりにくいかもしれませんが、夜中に両手を柵にくくられているということはトイレにも行けないということです。スタッフがいないため排泄の介助もありませんから、夜間に排便があっても、オムツをされたまま、コールも押せず、気持ち悪いまま朝までその状態で放置されるということです。万一火災になれば逃げることもできませんから、くくられたままで焼け死ぬことになるでしょう。三六五日死ぬまでそのような状況が続くのです。「認知症の高齢者がいるから……」という話をされているようですが、おそらくこのような状況の中で生活していれば、精神的に耐えられなくなると言ったほうが正しいのではないかと思います。これが、人間らしい生活と言えるでしょうか。

このような事業者は一部ではありますが、火災や内部告発が行われるまでわからなかったということを考えると、決して特殊な事例ではないでしょう。厚労省が発表した高齢者虐待の実態調査によると、特養ホームも含めた介護施設などで確認された虐待件数は七〇件（二〇〇八年）ですが、残念ながら氷山の一角だと言えるでしょう。

その最大の原因は、高齢者住宅という事業は、入居者やスタッフが限られてしまうために、外部からではその実態がつかみにくいからです。また、述べたように行き場がないため、入居者や家族は文句を言いません。外から見ると、信じられないような虐待、人権侵害ですが、「転倒すると危ないから」「スタッフが足りないから」という理由で、安易に車イスやベッドにくりつけ、それがエスカレートしていくのです。

社会保障の問題を語るとき、憲法二五条の「健康で文化的な生活」とは何かという議論がされますが、現在の民間の高齢者住宅では監査や指導が行き届かないために、このような、驚くべき悲惨な生活環境に置かれた高齢者が多く存在するということはまぎれもない事実です。介護保険制度の導入は、「サービスの多様化」だけでなく、玉石混淆の幅も広げてしまいました。監査指導体制の不備は、「健康で文化的な生活」とはほど遠い、劣悪な環境で暮らす高齢者を増加させる結果となっているのです。

二　野放し同然の有料老人ホーム――国と地方の歪み――

有料老人ホームは、老人福祉法に規定されている民間の高齢者住宅制度の一つです。この有料老人ホームは、昭和三〇年代からある古い制度ですが、特養ホームなどの老人福祉施設以外の高齢者の住居として老人福祉法の中で制度化された目的は、入居者の保護にあります。

特別養護老人ホームなどの福祉施設とは違う一般の営利事業であっても、高齢者住宅事業は、高齢者の生活の基礎となる事業です。優良なサービスの提供、安定した経営が行われなければ、入居者の生活に回復できないほどの大きなダメージを与えることになります。行政が一定の基準を示し、届け出を義務付けることによって、行政の立ち入り・指導権限の下で、劣悪な業者を排除し、入居者や入居希望者の保護を図るべきだというのが法の趣旨です。トラブルの増加に伴って、二〇〇六年度の老人福祉法の改正では、「無届施設の届け出強化」「立入検査」など、指導監査強化への法整備は積極的に行われています。

また、有料老人ホームというサービスは、住宅の提供だけでなく、食事、相談、介護など様々なサービスが組み合わされた複合サービスですから、関係する法令も多岐にわたります。建設には、建築基準法、都市計画法などの建築関連法令の他、各自治体ではバリアフリーに関する条例を定めています。サービス関連では、介護サービスに関わる介護保険関係法令、食事サービスに関する食品衛生法なども関係してきますし、介護看護スタッフの雇用に関わる労働関係の整備も必要です。また、パンフレットやインターネット上のホームページは、公正取引委員会が「不当景品類及び不正表示防止法」にもとづいて厳しく監視しています。

これらを統合し、高齢者住宅として最低限必要な基準として定めているのが「有料老人ホーム設置運営標準指導指針」です。有料老人ホームを新規開設する場合、この指導指針にしたがって、都道府県の担当者と事前協議を行う必要があります。二〇〇二年に局長通知として出された「設置指導指針の性格」を見ても、高齢者住宅の特殊性に鑑み、行政が一定の指導を行うことの必要性を認識していることがわかります。

設置指導指針の性格（厚労省老健局長通知、平成一四年七月）

有料老人ホームは民間の活力と創意工夫により高齢者の多様なニーズに応えていくことが求められるものであり、一律に規制には馴染まない面もあるが、一方高齢者が長年にわたり生活する場であり、入居者の側からも介護を始めとするサービスに対する期待が大きいこと、入居にあたり高額の一時金を支払う場合が多いことから、行政としても、サービス水準の確保などのため十分の指導を行う必要がある。特に、有料老人ホーム事業は、施設設置者と入居者との契約が基本となることから、契約締結及び履行に必要な情報が、入居者に対して十分提供されることが重要である。

このように法整備は進んでいるのですが、問題は、届け出・指導監督の実務を担当する都道府県の体制が全く整っていないということです。

介護保険制度の発足によって、有料老人ホームは急増しているにも関わらず、実務を担当する都道府県の職員は増えていません。その担当者の多くは兼務で新規届け出への対応だけで手一杯で、中身のチェックや運営中の有料老人ホームへの指導監査は、十分ではないというのが実情です。

総務省が二〇〇八年九月に行った「介護保険事業等に関する行政評価・監視〈評価・監視結果に

もとづく勧告〉」によれば、二二都道府県について、二〇〇六年度における立入検査の実施状況を確認したところ、立入検査が実施されていない、または計画的に実施されていないものが七都道府県に上っています。「重要事項説明書が策定されていない」「一度も立ち入り調査が行われていない」など、最低限の監査・指導すら行われていません。このことは、毎年のように発せられる、有料老人ホームについての公正取引委員会からの広告排除命令や、急増する消費者生活センターへの相談件数、内容からも裏付けられています。

●無届施設の急増

もう一つの問題は無届施設の増加です。無届施設とは、有料老人ホームとして届け出が必要であるにも関わらず、届け出をしていなない施設・住宅のことを言います。

これには、二〇〇六年四月に有料老人ホームの定義が変わったことも影響しています。それまでの有料老人ホームの届け出には「入居者一〇人以上」「食事提供」という二つの条件があったのですが、介護保険制度の発足後、届け出逃れの「類似施設」が急増したため、「人数制限を廃止」「何らかの生活サポートサービスの提供」しているものは、全て届け出が義務付けられました。この制度変更によって、これまで届け出が必要なかった「類似施設」は、有料老人ホームとしての届け出が必要となり、届け出をしないものは「無届施設」と呼ばれるようになったのです。

実際、この無届施設は、二〇〇七年には三七七ヵ所だったものが、二〇〇九年には五七九ヵ所と二〇〇ヵ所以上増加しています。これに対して、二〇〇九年に一〇人の高齢者が亡くなった無届施設「静養ホームたまゆら」の火災事故以降、国もこの届け出の義務化を推進するように各都道府県を指導し、これを受けて積極的に届け出を促すなどの対応を行っているところも出てきています。また、青森県では訪問介護事業所に対して、無届施設に介護サービスを提供しないように求めるなど、その包囲網は狭まってきています。この届け出強化によって、無届施設のうち、三割程度は届け出が行われていると言います。

しかし、その一方で一部の府県の担当者と話をすると、違法建築まで行っているような無届施設から届け出を受けても、「指導指針」に則って運営されている有料老人ホームとはあまりに基礎が違うため、「指導のしようがない」「劣悪なものに有料老人ホームというお墨付きを与えることになる」という声も聞かれます。また、これらの事業者は、監査を逃れるために「高齢者だけを対象にしていない」といった言い訳を繰り返し、届け出を拒み続けています。

実際、国交省の調べによると、無届施設の六割以上が、何らかの建築基準法違反、八五％以上に消防法違反があるとしています。群馬県のケースのように、火災事故などで入居者が死亡した場合、「指導監査はどうなっているか」「都道府県は何をやっているか」ということになるため、制度変更の責任を一方的に押し付けられても困るという意識もあるのです。

国は「届け出強化」を打ち出し、各都道府県は「それは無理」と押し返しています。その責任の押し付け合いの中で、有料老人ホームの入居者保護施策は有名無実化していると言っても過言ではありません。

三　無届けを合法化する高専賃――省庁間の歪み――

●高専賃とは

この無届施設に輪をかけて混乱の原因となっているのが、「厚労省と国交省の歪み」で生まれた「高齢者専用賃貸住宅」（高専賃）の制度です。高齢者専用賃貸住宅は、国交省の管轄（現在は厚労省との共管）である「高齢者居住安定確保法」を基礎とする制度で、その目的は、賃貸アパート等を探す高齢者のための広報にあります。

高齢者の居住を拒まない賃貸住宅として登録されているものを「高齢者円滑入居賃貸住宅」と言い、その中で「高齢者専用」として登録されたものを高齢者専用賃貸住宅（高専賃）と言います。一人住まい（独居）の高齢者、高齢者夫婦世帯は、一般の賃貸アパートや賃貸マンションから敬遠される傾向にあることから、探しやすいようにという趣旨によって設けられた登録制度です。

ですから、有料老人ホームのように「入居者保護のための届け出義務」「有料老人ホーム設置運営標準指導指針の遵守」という強制的なものではなく、「このアパートは高齢者を断りませんよ」「この賃貸マンションは高齢者専用ですよ……」ということを任意で登録してもらうという制度にすぎません。高専賃は、二〇〇五年の登録件数は、一二三二戸（九八ヵ所）だったものが、二〇〇七年には一万八七九四戸（七八三ヵ所）、二〇〇九年九月現在で三万七一九七戸（一四四七ヵ所）となっています。

この高専賃には、二つの問題が指摘されています。一つは、劣悪な環境の高専賃です。「高齢者居住安定確保法にもとづく高齢者専用賃貸住宅」「都道府県に登録された高齢者専用の賃貸住宅」と聞くと、「高齢者にふさわしい仕様」だと想像しますが、述べたように建物や設備の基準はありません。そのため、実際には押入れをベッドに改装したものや、複数人部屋のもの、一人当たり数平米しかないものもあり、劣悪な環境に行き場のない高齢者を押し込め、生活保護費や介護報酬を横取りする、いわゆる「低所得者ビジネス」と呼ばれるものも増えています。このような法律のすき間をついたような劣悪な高齢者住宅が、高齢者・家族に紹介するためにと称して、「高齢者専用賃貸住宅」として都道府県に登録されているのです。そして、入居者・家族には「都道府県に登録されています」と、お墨付きを与えるかのような形になっています。

●入居者保護を有名無実化した「一定水準の高専賃」

もう一つの問題は、「一定水準の高専賃」です。劣悪な高専賃の増加に対して、国交省は住居の面積や居室内の設備などについて、高専賃にも一定の居住水準を設置します（図表6）。劣悪な環境の事業者を排除するためにも、高専賃にも基準を設けるといった意図があったのでしょう。

図表6　一定水準の高専賃

一定の居住水準を満たす高齢者専用賃貸住宅（告示第264号）

① 住戸面積が25平方メートル（居間・食堂・台所等が共同利用のため十分な面積を有する場合は18平方メートル）以上。
② 原則として、住戸内に台所・便所・収納設備・洗面設備及び浴室を有していること。
③ 前払い家賃を徴収する場合は、保全措置が講じられていること。
④ 介護の提供・食事の提供、洗濯・掃除等の家事、健康管理のいずれかのサービスを提供していること。

しかし、最大の問題は、二〇〇六年の老人福祉法の改正で、この一定の居住水準を満たしており、かつ、高専賃として登録しているもの（「一定水準の高専賃」＝一定の水準を満たす高齢者専用賃貸住宅、告示第二六四号）は食事や介護サービスを提供しても有料老人ホームの届け出を不要だとしたことです。

その結果、有料老人ホームに変わって、この「一定水準の高専賃」が急増することになります。有料老人ホームのように建物や設備、運営などについて細かな基準がなく、指導や監査の制度もありません。行政の担当者と事前に協議することも必要もなく、各都道府県に登録するだけで、誰でも自由に運営することができるからです。これによって、入居者保護施策は完全に有名無実化します。

この「一定水準の高専賃」は、高い基準、高齢者の生活に適した水準のように思われますが、その内容を見れば居室内の面積と居室内設備だけの基準であり、有料老人ホームのように、高齢者の実際の生活をイメージして定められたものではありません。最低限のバリアフリーすら義務付けられていません。また、述べたように、その登録は任意ですから、指導する制度や担当者もいないため、実質的に「一定水準を満たしているか否か」という確認すら行われません。

この制度の不備を逆手にとれば、有料老人ホームの事前の届け出、行政協議を、合法的に回避することができます。一定水準に満たない高専賃を作り、開設後に「入居者の希望で食事を提供するようになったので『有料老人ホーム』として届け出します」と後からでも届け出ても、法的・制度的には問題ありません。入居者保護のための最低基準として策定された「有料老人ホーム設置運営指導指針」の基準、事前協議は、全く意味をなさないものとなっているのです。

●無届施設を増やすだけの法改正

さらに、問題・歪みは拡大します。二〇〇九年九月に、この問題の多い「高齢者安定居住確保法」が改正され、この「一定水準の高専賃」の基準に沿って、住居面積が二五平方メートル未満（居間・食堂が共用で十分に広さがある場合は一八平方メートル未満）、必要な居室内の設備を満たしていないものは、二〇一〇年五月以降、高専賃として登録できなくなりました。また、必要な場合は、一定の報告を義務付け、改善命令を出すことができるとしています。

この制度変更によって、全国で約二割（約三〇〇〇ヵ所）の高専賃が、基準を満たさず登録対象外になると予想されています。「劣悪な高専賃は認めない」「高専賃の水準を高めるための措置」と言えば聞こえはよいのですが、逆に現在この二割の高専賃に入居している高齢者は、完全に切り捨てられることになります。これまでも、食事などが提供されている場合は、有料老人ホームとして届け出を促すことになっているのですが、現在の無届施設にすら十分な届け出指導・監査が十分に行えていないのですから、食事を提供している高専賃が一定水準を満たしているか否かを一つ一つ確認することはむずかしいでしょう。

実際には、誰も管理しない「無届施設」が増えるというだけです。さらに「必要な報告、改善命令を行う」と言っても、現在の有料老人ホームの指導監査すら十分に届け出指導できていないのですから、担当者や制度設計、指針すらあいまいの高専賃では、それが「絵に描いた餅」にすぎないということは明らかです。

そもそも、高齢者住宅の安定供給、健全育成という面から見れば、「有料老人ホーム」と「高齢者専用賃貸住宅」の制度に分ける必要は全くありません。「高齢者を拒絶しない賃貸住宅の登録制度」には、一定の役割があるとしても、趣旨や目的が全く違う有料老人ホームの制度と混合させる必要はありません。厚労省と国交省の縄張り争い、綱引きで生まれた「一定水準の高専賃」という歪みは、入居者保護施策を有名無実化させ、「勝ち組・負け組」「企業倫理の低下」という社会情勢と相まって、高齢者住宅産業を最悪の方向に向かわせているのです。

四　高齢者住宅の指導監査のあり方

私は、高齢者住宅業界の健全育成のためには、有料老人ホーム・高専賃など、高齢者住宅の指導監査の体制強化は不可欠だと考えています。これからの監査・指導に必要な、基本的な視点について整理します。

1　制度の歪みの解消

まず、重要なことは、有料老人ホーム・高専賃の制度間の歪みを解消し、すべての高齢者住宅に対して、立入検査や指導監査を徹底させることです。現在、問題となっている無届施設の中にも、「宅老所」と呼ばれるような地域の高齢者のために真剣に取り組んでいるところもあるということは認めますが、それでも「基準がない」「監視の目が届かない」ということは事実です。業として行っている以上、「真面目にやっているから問題ない」「私のところは問題ないので指導は必要ない」ということにはなりません。

ただ、現在のような「有料老人ホーム設置運営指導指針」に合致するか否か、一定水準か否か、といった画一的な対応では全く先に進めなくなります。建物や設備の基準ではなく「安全や衛生に問題はないか」「身体拘束、虐待や人権侵害はないか」「サービス提供上不正は行われていないか」「契約書は策定されているか」「情報開示は徹底されているか」といった、入居者保護のために統一して確立すべき基本的事項はいくらでもあるはずです。その上で「有料老人ホーム」「居室内の一定水準」など、それぞれの基準に合致しているのかを監査し、基準に達しないものは「有料老人ホームと名乗ることを認めない」といったように分類していけば、高齢者住宅を探す高齢者や家族にも、一定の選択の目安となります。

すべての高齢者住宅が遵守すべき基本的事項を一本化し、すべての高齢者住宅に対する届け出を義務化し、定期的に指導監査を行うということが、高齢者住宅の質の底上げをはかる第一歩です。

2　指導監査のあり方

❶経営状態も含めた指導監査

指導監査で大事な一点目は、経営内容の把握まで含めることです。現在の行政の立場は「経営には関与しない」ということになっています。しかし、社会保障制度を利用するという社会性・公共性の高い事業であり、経営が悪化し、倒産ということになると、入居者・家族の生活を崩壊させ、その影響は地域の介護福祉ネットワークにまで及びます。民間の高齢者住宅事業に対しても、一定の経営に関するルールを設定するとともに、その経営状態について把握し、突然の倒産・事業閉鎖を回避する必要があります。

現在の有料老人ホームの制度では「有料老人ホーム設置運営指導指針」にそって指導監査を行うことになっていますが、指導監査が不十分なだけでなく、「指針」が経営に踏み込んでいないため非常に表面的なものです。入居する高齢者にとって最大のリスクは、「事業者の倒産」ですから、指導監査で問題がないと判断された高齢者住宅が、数ヵ月後に突然倒産、事業閉鎖するということでは、何のための「入居者保護」なのかわかりません。

また、「コンプライアンス」「サービスの質の向上」は、経営と分離しているものではありません。収益が悪化すると無理な事業計画、入居者募集が行われ、介護報酬の不正受給、あいまいな入居説明の原因となります。

❷強制力を持った指導監査

二点目は「強制力をもって監査する」ということです。

特別養護老人ホームの場合、社会福祉法人の設立や開設までのチェックが細かく行われていますから、ある程度の基準に達しています。監査でいきなり業務停止・認可取り消しとなるような事例は少なく、どちらかといえば「次回からは直して下さい」という「指導」に力点が置かれています。

しかし、特に高専賃の場合は、基準もなく簡単に開設できますし、無届施設はこれまで全くチェックされていないため玉石混淆です。また、このような制度のすき間をついたような施設・住宅経営者のコンプライアンスの意識は、高くありませんし、収支が悪化してきた場合、その意識はさらに低くなります。ですから、その監査には法的措置も含めて厳しい対応をするべきだと考えています。

あわせて罰則強化も検討すべきです。残念ながら現在の法律では、規定違反に対する罰則規定の強化は盛り込まれておらず、有料老人ホームの届け出を拒否しても、最高でも六ヵ月以下の懲役または三〇万円以下の罰金という非常に小さな罪です。しかし、この程度では何の歯止めにもなりません。また、届け出は義務ですから、都道府県の担当者がお願いして出してもらうようなものではありません。「基準があいまい」「届け出してもらわないと打つ手がない」と言い訳するのではなく、「届け出すべきか否か」は各市町村・都道府県が判断し、「届け出すべし」「監査対象とします」と通告すればよいのです。

有料老人ホームは、一人の入居者が一時金、生活費を含めて数千万円を支払う高額商品ですし、特に要介護高齢者の場合、入居後は弱い立場におかれることが多くなります。不正が行われると大きな損害を入居者や家族に与えることになります。特定施設の指定取り消しや介護報酬の支払い差し止めを含め、毅然とした態度で対応することが必要です。

❸長期的視点での指導監査

三点目は、長期的視点での監査の重要性です。

現在、制度の歪みや運営開始後の制度改定によって、無届施設や高専賃など、基準に沿わずに運営されているものも少なくありません。制度が改正されたからと言って、これにあわせて居室や廊下を広げるといったことは実質的に不可能ですし、サービス改定は入居者に対する月額費用の値上げにもつながります。サービス向上は必要ですが、そもそも、業界を大きく混乱させている原因の一つは、ずさんな制度設計を行った行政にあるのですから、制度変更によって、安定して生活している高齢者を追い出すということはあってはなりません。

入居者の人権や安全を脅かすような問題については、早期に、徹底的に改善を求めるべきですし、不正については厳しく究明すべきですが、それ以外の問題については、期間を定めて、少しずつ段階的に是正させていくことが必要です。また、そのためには一定の時間がかかります。経営やサービスの改定も含め、長期的な視点で改善の指導が続けられるような体制を整える必要があります。

❹開設時の指導監査

もう一つ、最も重要になるのが開設時の指導監査です。

開設後の指導監査によって、介護保険の不正受給が見つかった場合、さかのぼって介護報酬の返還を求められることになりますし、悪質だと判断される場合は指定が取り消されることになります。

また、無届施設の多くでは、建築基準法や消防法などに問題を抱えていますが、入居者の生命にかかわる問題の場合は、早急に改善を求めなければなりません。そのためにも罰則を含めた指導監査体制の強化は不可欠ですが、それは、事業者はもとより入居者にも痛みを伴う作業になります。

考えられるケースをいくつか挙げましょう。建築基準法違反によって減築が必要な場合、「現在の入居者はどうするか」「その費用負担はどうするか」という問題がでてきます。家賃や利用料の値上げとなる場合、「建物は今のままでよい」という入居者はでてくるでしょう。また、介護報酬の不正受給や経理上の不正が見つかった場合でも、厳格に適用すると倒産する可能性がある場合、どのように対処するかは大きな課題です。不正受給の返還によって経営が悪化するので、値上げを検討するといったケースが、許されるわけではありません。

高齢者住宅は、訪問介護や通所介護のように利用するサービスではなく、生活の根幹となる住居ですから、代替サービスがありません。サービスがストップすれば、入居者は生きていけなくなります。質の向上のために指導監査の強化は重要ですが、次には問題が発生しても、入居者の生活が不安定になるために切り込めない、つまり「入居者が人質となって潰せない」という問題が立ちはだかってくるのです。

これが、高齢者住宅に対する指導監査の最大のむずかしさ、限界です。これを回避し高齢者住宅の質の底上げを行うためには、開設時に経営・サービスの安定を含めた指導を徹底的に行う、不安定な事業計画は認めないという作業が不可欠です。言い換えれば、類似施設・無届施設を野放しにし、高専賃などの登録だけで高齢者施設を開設できる制度を作ってしまい、開設時に指導監査が全くできていないことが、現在の高齢者住宅の崩壊を招いているのです。

第3章　高齢者住宅のルールづくり

指導監査体制の強化、一本化と同時に検討されなければならないのが、高齢者住宅の運営に関する最低限の基準・ルールづくりです。

介護保険制度導入の目的の一つは、多様化するニーズに対応できるよう「商品性の自由度」を拡大することにあります。介護付有料老人ホームなどの高齢者住宅は、その代表例だと言えるのですが、反面、サービス内容・経営形態が多様化する中で、最低限の基準・ルールづくりすら行われていないことが、トラブルが多発する原因となっています。高齢者住宅の質・経営を安定させるためには、急増しているトラブルやクレームの原因を整理し、有料老人ホーム、高専賃などという制度別ではなく、入居者保護の観点からのルールづくりを進めることが必要です。

ここでは、五つの課題について、そのルールづくりについて考察します。

一　居住権

まず、一つ目は居住者の権利です。

有料老人ホーム、高専賃などへの入居希望者のほとんどは、「終《つい》の住処《すみか》」として高齢者住宅を探しています。また、身体機能や適応力が低下するため、何度も転居できるわけではありません。高齢者は一般の賃貸マンションや賃貸アパートからは敬遠される傾向にありますし、特養ホームは一杯ですから行き場はありません。私は、弱い立場に陥りやすい高齢者住宅でくらす高齢者の権利は、一般の住宅以上に守られなければならないと考えています。しかし、現状は、その基礎となる居住権が、高齢者居住の特性に合うように十分に検討されていないため、その生活は非常に不安定なものとなっています。

居住者の権利は、大きく、利用権、借家権、所有権の三つの形態に分けることができます（図表7）。

●立場の弱い利用権

この中で特筆すべきは、有料老人ホームに利用される「利用権」です。

図表７　居住者の権利のちがい

居住者の権利	高齢者住宅の形態	権利の内容
所有権	シニア向け分譲マンションなど	民法上の物権の一つ。法令の制限内において、所有者は自由にその所有物の「使用・処分・収益」ができる。
借家権	高齢者専用賃貸住宅、有料老人ホーム	民法上の債権の一つである賃貸借契約に基づく権利。居住の安定性を図るという観点から、借地借家法で賃借人の権利は非常に強く守られている。
利用権	有料老人ホームのみ	居室や共用部、設備等を利用できる権利。事業者との間で締結される契約上の権利で、法的な権利ではない。生活支援サービスと一体的に契約される。

有料老人ホームに見られる「利用権」は、契約によって定められた権利です。ですから、事業者の契約解除の要件についても個別の契約で定められており、同じ「利用権」と言っても、有料老人ホームごとに契約内容が違えば、その権利内容は違ってきます。また、利用権の場合、契約違反や利用料の滞納だけでなく、認知症の周辺症状やトラブルなどによって、老人ホームでの生活がむずかしいと事業者が判断した場合、退居が求められる旨の契約となっているのが一般的です。事前に話し合うことが前提となっていますが、最終的な判断や決定権は事業者が握っているため、その基準はバラバラで主観的なものとなりがちです。

●借家権の落とし穴

これに対して、賃貸住宅の入居者が持つ借家権という権利は、借地借家法や判例で細かく規定されています。家主の勝手な都合で、退居させられるということはありませんし、家主が変わっても、この借家権は引き続き主張することができます。また、一年・二年という契約期間であっても、相当の事由（家主が住むところがない、老朽化で危険など）がない限り、契約更新の家主からの拒否は認められていません。退居事由などに関して、契約書や念書を交わしても、借地借家法の規定よりも入居者に不利な条項は全て無効になります。「住宅を借りて住む」というシステムは世界共通のものですが、居住の安定を図るという趣旨から、日本では借家人（つまり入居者）に非常に強い権利となっています。

利用権と借家権のこの違いは、事業者が変更した場合にも影響してきます。賃貸住宅における入居者の借家権は、家主（事業者）が変わった場合でも、新しい事業者に引き継がれます。一方、有料老人ホームにおける入居者の利用権は、入居時の事業者との契約ですから、事業者が変わった場合、新事業者に自動的に引き継がれるわけではありません。特に、原契約を結んだ法人が倒産し、それを新事業者が引き継いだ場合、経営を改善させるとして、サービスカットや月額費用の値上げ、追加の一時金を求めてきても、入居者がそれに対して抗弁することはむずかしいでしょう。

今後、経営悪化する有料老人ホームの増加によって、このようなトラブルが増えてくると考えています。「利用権」は法的に確立されていない、入居者にとって非常に弱い権利なのです。そのため、有料老人ホームの「利用権」に代えて、高専賃などの「借家権」という、法律に規定された強い権利への移行を歓迎する人もいます。

しかし問題はそう単純ではありません。高齢者住宅の特殊性を考えた場合、一般の住宅と同じ「借家権」が高齢者住宅の居住権としてふさわしいか否かということが、十分に検討されているわけではないからです。

「高齢者専用賃貸住宅」という制度ができた背景には、高齢者の入居が、一般の賃貸マンション・賃貸アパートのオーナーから敬遠されているということがあります。敬遠の理由は、物忘れや認知症によって近隣トラブルが増えることです。最近は、「早目の住み替えニーズ」というコンセプトのものが増えていますが、高齢者住宅では他の入居者との共同生活という面も強くなりますから、認知症の周辺症状や人間関係の悪化で、他の入居者の生活を脅かすようなケースも出てきます。ゴミ、臭い、火の不始末など、それはあらゆる問題へと発展します。借家権は入居者に強い権利ですから、事業者は、そのトラブルに対して、よりむずかしい対応が求められることになります。

そのリスクは、当然、入居者・事業者の双方が負うべきものですが、「有料老人ホームよりも簡単に開設できる」といった程度で参入している高専賃の事業者にその対応力があるとは思えません。結局、そのトラブルは入居者・家族が背負うことになりますし、対応できない場合、安心して生活できないということになります。有料老人ホームなどの場合、深刻なトラブルを避けるために、事業者が入居者に退去を求めることができるとしているのも、それなりに根拠のあることです。

また、要介護高齢者の場合、借家権を盾に「法的に居住する権利がある」と言っても、事業者が経営悪化によって介護サービスや食事サービスを止めてしまえば、実質的に生活を続けることはできません。

「利用権」だけでなく、一般の住宅に適用される「借家権」も、高齢者住宅の居住権としては、様々な問題があるのです。超高齢社会で、高齢者住宅で暮らす高齢者が増えていきますから、その

図表8　居住権に関する検討課題

① 業者からの契約解除（退居要件）に関するルール設定
② 業者からの契約解除（手続き）に関するルール設定
③ 退居要件に関する書面での情報提供の徹底
④ 事業者が変更になる場合の権利の引継ぎに関するルール設定
⑤ 途中退居等のトラブルとなった場合の調整機関の設置

生活を安定させるためにも、この居住権のあり方については抜本的に見直し、一般の住宅とは違う形でのルールづくり・仕組み作りが必要です。

図表8に、検討のポイントとして、五点挙げていますが、特に、トラブルが多い契約解除要件や手続きに関する一定のルール設定は不可欠です。また、入居説明時にどのようなケースで退居となる可能性があるのか、どのような手続きがなされるのか、また、その老人ホームでこれまで途中退居となったケースなど、書面でわかりやすく説明させることが必要です。

「福祉施設ではなく高齢者住宅を……」という議論は多いのですが、この「高齢者の特性に合わせた居住権のあり方」を検討することなしに、高齢者の住居として社会的に認知され、社会インフラとして発展することはないのです。

二　入居一時金

二点目は、入居一時金に関するルールづくりです。この入居一時金に関するトラブルは非常に多いのですが、それは大きく二つに分かれます。

●増える返還金トラブル

一つは返還金に関するものです。

住居にかかわる入居一時金には、「償却期間内の利用料（家賃）の前払い」と「終身利用権」の二つの意味を持たせており、償却期間内で退居した場合、その利用期間に合わせて返還金が戻ってくるという契約が一般的です。しかし、その返還金の計算方法が老人ホームによってそれぞれ違うことや、入居時に償却される初期償却の設定にも基準がないため、短期間で退居した場合でもほとんど返還されないというケースもあり、トラブルが増えています。

建物や設備などの「利用権料」は、本来、家賃のように毎月支払うべきものです。入居一時金として一括で受け取る場合でも、その償却は償却期間内で定額にて償却されるべきでしょう。保証金、敷金といった役割を持たせたいのであれば、そのように明示すべきです。一方的な「初年度に五〇％」などといった法外な償却方法は、その性格を逸脱していると言わざるをえません。

これには、もう一つの利用権の問題もからんできます。

「入居一時金を支払えば終身利用できますよ」というセールストークで入居しても、述べたように、その基礎となる「利用権」という権利が居住権としてあいまいなため、契約にもとづき、途中退居を求められることがあります。他の入居者とのトラブルや認知症などで対応がむずかしいと通告され、入居者や家族の意思に反して退居を求められる場合、初期償却などがごっそりと差し引かれ、支払った一時金のごく一部しか返還されなければ、入居者や家族は納得できるものではないでしょう。

この入居一時金は、うまく運用されれば、入居者にとっても事業者にとっても一定のメリットがあるものですが、第1章で述べたように、長期入居リスクの問題がありますから、「入居者は長く入っていた方が得」「事業者は早く退居してもらった方が得」という、利害が反するものです。その根幹が事業者に強い、あいまいな「利用権」ですから、利用者の意思に反して途中退居となる場合、トラブルの種となることは明らかです。

●入居者の不利益にならないためには

この入居一時金という価格設定は、多くの有料老人ホームが行っており、最近では高専賃でも一時金を設定するところが出てきています。価格の設定方法やその金額は、行政が指定するものではなくマーケットにゆだねられるものですが、入居一時金制度は、述べたように、経営が悪化した場合、入居者に大きな不利益となります。

この入居一時金の問題については、二〇〇六年度の老人福祉法の改正で、五〇〇〇万円を上限とした保全が義務化されましたが、二〇〇六年四月以降に開設される老人ホームに限定されており、また、違反に対する罰則規定もありません。実際の運営に、前受金である入居一時金（未償却部分）を流用されている場合、経営は非常に不安定なものになります。入居一時金の価格設定方法をとる場合は、償却方法や計算方法が入居者に不利益とならないよう一定のルールを設定すると同時に、

図表9　入居一時金に関する検討課題

① 初期償却金・退居返還金の計算にかかわる一定ルール設定
② 事業者からの契約解除における退居返還金のルール設定
③ 90日以内の契約解除の返金、入居一時金の保全の徹底
④ 入居一時金（初期償却・返還金計算）に関する情報提供の徹底
⑤ 入居一時金経営を行う有料老人ホームに対する経営情報開示の強化
⑥ 入居一時金経営を行う有料老人ホームに対する監査の徹底
⑦ 経営が破綻した時の入居者の債権の先取特権の検討

経営状態や入居一時金保全、返還金の計算に関する情報提供を徹底させ、ルールを逸脱している場合には入居者への全額返金を命じるなど、厳しい措置をとるべきだと考えています（図表9）。

もう一つ、少し観点の違う話ですが、この入居一時金という「住宅費用の先払い」については、法的な先取特権の付与を行うことも検討すべきだと考えています。先取特権とは、ある債務者が破産した場合、当該債務者の財産について、他の債権者に先立って自己の債権の弁済を受ける権利のことを言います。

自宅を売却して数千万円の支払いをして、数ヵ月でホームが倒産、一時金はまったく戻ってこないということになれば、実質的に、その高齢者が生活を再建することは不可能です。現在の法律では、企業が倒産した場合、国税、地方税や働いていた労働者の給与は、他の一般債権よりも優先的に弁済されます。他の債権者との関係など、様々むずかしい問題もでてくるのですが、「生活の安定」「住居の安定」という観点に立てば、先払いした居住費は優先的に弁済するということは、十分に検討の価値はあると思います。

三　価格・サービスの改定

三点目は、価格改定やサービス改定の基準です。

現在の有料老人ホームの入居者契約は「終身契約」に近い、一方的には価格改定ができない契約となっています。しかし、その一方で人件費や物価の上昇による費用改定の可能性にも言及しています。

デフレ環境が長期に続く中で、物価上昇を原因とした値上げは多くありませんが、経営環境の変化や人件費の高騰によって収支が悪化している事業者は多く、価格改定を検討している事業者は増えています。ただし、その根本にあるのは、パートスタッフを多用するなど、大きく人件費を抑制したずさんな事業計画にあり、経営収支を改善するために小幅な値上げに留まらないケースも多いというのが実情です。

入居者から見れば、一方的な価格改定は認められるわけではなく、大幅な値上げが行われると、その支払いができずに退居を余儀なくされるといったケースも考えられます。これまでのような一部の富裕層ではなく、限られた年金の中で、預金を取り崩しながら生活しているという中間層の高齢者も多いことから、価格改定のトラブルは大きくなるのです。

図表10　価格改定・サービス改定に関する検討課題

① 価格改定・サービス改定を行う際の事前の届け出
② 入居者・家族説明会の義務付け
③ 価格サービス改定に必要な入居者家族の賛成割合の検討
④ 改定に賛同（対応）できない入居者への支援検討
⑤ 価格サービス改定時の事前届け出・事後報告の義務化

これは、サービス内容の改定についても同様です。今後、経営の悪化によって、定められていたサービスが一部見直される、カットされるというケースも増えてくるでしょう。特に、要介護高齢者の場合、介護・看護などのサービスが一体的に提供されなければ、居住権が確保されていても生活を継続することできなくなります。

しかし、高齢者住宅は利用するサービスではなく住居ですから、一度入居すれば「高くなったから」と転居できるわけではありません。他に選択権がなく、行き場のない高齢者・家族が弱い立場に立たされることになります。特に、「終身利用できる権利」という名目で入居一時金を支払っている場合、退居せざるをえないような高額な値上げやサービスカットに対して、納得できるものではないでしょう。

当面は、経営悪化を理由に値上げを検討する事業者は増えてくると考えています。

入居者に不利益となる価格改定やサービス改定を行う場合、事前に行政に届け出を行うこと、そして入居者や家族説明会を行い、議事録を策定し、その内容について報告を行うことを義務付けるべきです。これは有料老人ホームだけでなく、高専賃についても適用すべきものです（図表10）。

高専賃では、住宅の賃貸契約と食事、介護などの生活サポートサービスの契約は分離しています。賃貸住宅ですから、住宅部分の家賃の価格改定については借地借家法や判例の中で一定の基準が示されていますが、それ以外の食事・介護などのサービスに関する規定はありません。ただ入居者からすれば、個別の価格改定であっても、全体として月額費用の支払いがアップすることに変わりはありません。

実質的には、有料老人ホームと同じように、同一グループ内で住宅と食事・介護が一体的に提供されているものもありますから、これも含め、一定のルールづくりを検討する必要があります。

四　情報開示

四点目は、情報開示に関するルールの強化です。

行政は「入居者の選択責任」を明確にするために、有料老人ホームには、詳細な「重要事項説明書」を策定させ、情報開示の徹底を図っています。方向性は正しいと思いますが、この重要事項説明書を十分に理解し、そこからリスクをくみ取ることができるのは、有料老人ホームの事業内容に精通した人だけで、特に家族がいない高齢者がこれを活用することはほとんど不可能です。私はこの情報開示については、以下の点を加えるべきだと思っています（図表11）。

図表11 情報開示に関する検討課題

① 重要事項説明書を渡す時期の徹底。重要事項説明書の読み合わせ。
② 月額費用や入居一時金の返還金に関する見積書の策定。
③ 途中退居（事業者からの契約解除）に該当するケースの開示、ルール

一つは、重要事項説明書に関するものです。重要事項説明書の内容は、入居判断の材料としてよく考えられたものだと思いますが、国民生活センターの調べ（二〇〇六年）によると、入居契約時になって初めて重要事項説明書を渡す、サインしてもらう、という有料老人ホームが全体の七割を超えており、とても情報開示の役割を果たしているとは思えません。

契約書・重要事項説明書は、基本的にオープンにすべきものですから、行政のホームページなどで公開し、入居契約と同時ではなく、一定期間前には必ず渡すことを義務づける必要があると考えています。また、渡すだけでなく、一定の役職者がその内容について、入居者・家族の前で読み合わせをし、一つ一つ、その内容について確認してもらうという手続きを徹底すべきです。

二つ目は、月額費用や入居一時金などの費用に関する確認の徹底です。

パンフレットや広告には「月額費用○○万円」と表示されていますが、じつはこの費用の中にどのようなサービスが含まれているのかはそれぞれに違います。介護付有料老人ホームの中には、介護保険の一割負担も含んでわかりやすく明示されているものもありますが、中には食事も別契約となっているものもあり、全体として比較しにくくなっています。その他、紙オムツや日用品などは別途計算されます。

値段が高い安いということは、長期的にはマーケットが決めることですし、入居者も確認しなければならないのですが、「月額費用、八万円と聞いていたのに、請求は二三万円だった」という金銭に関わるトラブルは、事前の説明で十分に避けられるものです。入居者・家族は、一ヵ月にすべての生活費としてどの程度の費用が必要になるのか知りたいわけですから、介護、食事の他、必要となる紙オムツの種類や枚数、日用品がわかれば、それぞれの入居者が一ヵ月に必要な費用の見積りは可能なはずです。レストランでの食事は別途契約となっていても、生活上、必要不可欠なものですから、これらはあわせて説明されなければなりません。

この「生活費の見積り」は、サービスの一環として、またクレーム回避の側面から積極的に行うべきだと経営者対象のセミナーでは述べていますが、費用に関するトラブルが多いことから、義務付けるということも検討すべきだと思います。

これと同様のトラブルに、有料老人ホームの入居一時金の返還金があります。述べたように、短期間で退居した場合、初期償却や返還金計算方法の違いよって、老人ホームごとにその返還額には大きな差が生じます。これも金額の多寡に関わらず、最初からわかることです。一覧表にして渡し、入居説明時に明確にすべきでしょう。

もう一つ、トラブルが多いのが途中退居に関するものです。

居住権のところでも触れましたが、有料老人ホームの利用権は借家権とは違い、契約違反や利用料の滞納だけでなく、認知症の周辺症状（問題行動）や他の入居者とのトラブルなどによって、通常のケアでは生活を維持することがむずかしいと事業者が判断した場合、退居を求めることができる旨の契約となっています。しかし、事前にどのようなケースが該当するのか、どのような手続きを取るのかといったことが明確に説明されていないため大きなトラブルとなるのです。

たとえば、医療ケア対応ですが、「胃ろう」「気管切開」「鼻くう栄養」「人工透析」「ＩＶＨ（中心静脈栄養）」「ガン末期」など、様々なものがありますが、この対応の可否は看護師の常駐する時間や医療機関との連携体制によって、有料老人ホームごとに変わってきます。実際、「対応可能だと聞いて契約したのに、すぐに病院に入院させられた」というクレームも発生しています。老人ホームは病院ではありませんから、すべてのケースに対応することはできませんが、説明不足があったことはまちがいありません。中には「応相談」（相談に応じる）としているものの、その看護師配置では一〇〇％不可能だろうというところもあります。正確に伝わるように、別途資料を作成し、説明することを義務付けるべきです。

以上、三つのポイントを挙げましたが、現在、有料老人ホームでトラブルやクレームが増えている最大の原因は、この情報開示の不徹底、説明不足にあります。一般の不動産賃貸でも、その仲介・契約にあたっては「宅地建物取引業法」にもとづいて、「宅地建物取引主任者」という国家資格を持つ者が、その資格を明示して、説明しなければならないことになっています。それほど、不動産というものは、トラブルが多く、むずかしいものなのです。

特に高齢者・要介護高齢者を対象としているのですから、この説明責任は、通常よりも事業者が多く負うべきです。私は、説明するスタッフを限定させ、その説明責任を明確にし、定期的に説明に関する資料の提出を義務付けるなど、厳格に適用させるべきだと考えています。

当然、この重要事項説明書の公開、情報開示の徹底については、有料老人ホームだけでなく、高専賃も含めて適用すべきです。高齢者住宅の場合、たんなる建物だけでなく、介護・医療・食事・相談などの様々なサービスが付随し、そのサービス内容は多岐にわたっています。しかし、その「情報提供」の徹底については、これまで十分に議論されておらず、事業者まかせになっているというのが現実です。業界の健全な発展のためにも、また「入居者の選択責任」を明確にするためにも、情報提供に関するルールづくり、徹底は不可欠なのです。

五　経営に関して――資金移動の規制――

五点目は経営に関する基準作りです（図表12）。

繰り返しになりますが、高齢者住宅事業に限らず、介護サービス事業は、公的な社会保障費にも依拠して運営されている公共性・社会性の高い事業であるという面と、利益を確保するための自由経営という、相反する二つの側面を持っています。自由競争であるという側面を損なわないようにすべきですが、同時に経営が不安定にならないように、経営に一定の縛りをかけることは必要だと

図表12　経営に関する検討課題

①　高齢者住宅事業に関する資金の移動に関する一定の制限
②　役員報酬・株主配当に関する一定の制限（または指導）

考えています。

　これは、事業の特殊性から見ても重要です。たとえば、入居一時金経営を行っている有料老人ホームでは、ある程度の入居者が集まると償却期間内には「前受金」（入居者から見れば前払金）として大きなキャッシュフローが入ります。現状においては、その資金が同一企業内の他の赤字の事業の穴埋めに利用されたり、新しい有料老人ホームの開設資金として転用されることもあると聞きます。ただ、そうなると、他事業の負債のために運営企業が倒産し、当該有料老人ホームも共倒れになるというリスクが高くなります。こうした形で経営を不安定にさせることのないように、「運営資金が他の事業に流れないようにする」という一定の規制は必要です。

　また、入居一時金によるキャッシュフローは一時的なものであり、利益がでているように見えても潜在的な「長期入居リスク」がありますから、当初の数年は表面的な利益である可能性は否定できません。そのリスクを無視して「一部の経営陣が高額な報酬を受け取っていないか」「高額な配当がなされていないか」といったチェックも必要でしょう。

　経営が悪化してくると、コンプライアンスの意識は確実に低下します。特に、有料老人ホーム事業は、数億、数十億という高額な資金が動く不動産事業であるということ、入居一時金で高額なキャッシュフローが入金されること、加えて、穴だらけの制度設計で、指導監査が行われず罰則がほとんどないということを考え合わせると、入居者の不安や投資家の過剰な期待につけこんだ計画倒産などの詐欺行為が発生しやすい事業でもあるのです。

最近は、入居希望者を先に集め、希望者が共同で投資するという形態の事業体もあるようですが、事業の透明性やリスクは十分に説明されなければなりません。乱脈経営の結果、ホームの引き取り手がなくなり、お金を支払った入居者だけが取り残されるという状態は、避けなければなりません。

これは、入居一時金の問題だけではありません。介護保険財政は、保険料だけでなく半分は公費（税金）で運用されているのですが、その資金が、他の一般の事業に転用されることが、本当に適切なのか否かという議論は、必要だと考えています。

特別養護老人ホームなどを運営する社会福祉法人では、「経営の安定性を図る」という視点から、資産の運用は厳しく制限されています。定められた福祉事業以外への流用はもちろん禁止されていますし、余剰金の運用も、国債や銀行預金など、元本が保証されているものに限られています。

福祉施設とは目的が違うために、同列で扱うべきではありませんが、営利目的の民間の高齢者住宅でも、安定経営が不可欠な「高齢者の住処」という点では同じです。その他の営利目的の一般事業と同じではなく、「どのようにして経営を安定させるか」「どこまで経営の自由度を認めるか」という視点での議論は必要です。

以上、ここまで「居住権」「入居一時金」「価格・サービス改定」「情報開示」「資金移動」の五つをポイントとして、高齢者住宅運営のルールづくりについて、考察しました。

私は、介護サービスを「以前の福祉施策に戻せ」と言っているのではありません。一時期に流行した規制緩和の波のゆり戻しから、「マーケット至上主義への反省」「過剰な競争による疲弊」などという論調が高まっていますが、私はそれぞれ違う業態のサービスを、一律に捉えるべきではないと考えています。

ただ、高齢者住宅のような社会性・公共性の高いサービス、生活の根幹をなすサービスについては、一定のルール・基準を設定し、厳しい指導監査を行い、全体の底上げを行った上で、自由競争を行うべきなのです。

この問題は、遅れれば遅れるほど、歪みが拡大し、修正することがむずかしくなっていきます。超高齢社会が到来し、高齢者住宅で暮らす高齢者が増えるのはこれからです。早急に問題点を整理し、基準を策定し、官民一体となって、その上でサービス競争を行い、長期安定的に成長する産業として育てていくという視点が不可欠なのです。

第４章　有料老人ホームの事業再生

一　有料老人ホームは再生できる

第1章で、介護付有料老人ホームを中心に、経営悪化要因について述べましたが、これは住宅型有料老人ホームや高専賃など、他の高齢者住宅でも同じです。

有料老人ホームなどの高齢者住宅は、高齢者の生活の基礎となり、公的な介護保険制度を利用して運営される社会性・公益性の高い事業ですが、同時に市場競争原理にもとづいて、営利目的で運営されるという民間の事業でもあります。マーケットの競争原理が働くということは、企業同士の切磋琢磨によってサービスが向上する、価格が下がるというメリットもありますが、その競争に敗れた企業はマーケットから強制的に退場させられるという厳しいものです。

それは、その競争に勝ち、高い利益を得る事業者があるという一方で、倒産・事業閉鎖する事業者が確実に発生するということでもあります。述べたように、特殊な社会背景の中で、過剰な期待によって、ずさんな事業計画、甘い収益見込みで開設されているものも多いことから、計画通りに経営できていない事業者は増えています。有料老人ホームの倒産・事業閉鎖は、事業者の金銭的な破産だけでなく、入居者、家族の生活を崩壊させることになり、最悪の場合、それは地域の介護福祉ネットワークに波及します。この数年のうちに、入居一時金経営の長期入居リスクが顕在化すれば、大きな社会問題になることは避けられないと考えています。

しかし、その一方で、高齢者住宅事業は、確実に需要が高まる超高齢社会に不可欠な事業であるということも事実です。私は現在、高齢者住宅の事業診断・事業再生のポイント・方向性について検討しています。すべてとは言いませんが、経営の悪化している高齢者住宅の大半は再生が可能だと、私は見ています。

今後、一〇年、一五年の間に、団塊の世代の高齢化、核家族化による高齢世帯の増加によって、自宅で生活できない高齢者・要介護高齢者は爆発的に増えていきます。将来の生活に対する意識も大きく変化しており、介護が必要になれば「子供の世話にはなりたくない」「民間の高齢者住宅・老人ホームに入りたい」と考える人の割合は高くなっています。

また、建物や設備が整備されており、多くの介護看護スタッフが実際に働いている介護付有料老人ホームを、経営困難で閉鎖するというのは、社会インフラの有効活用という側面から見ても非効率です。老人ホームは、数億、数十億という高額な建物・設備投資がされており、建物簿価としてとしての価値は高いものですが、実際には高齢者住宅事業以外に転用できるわけではありません。他の事業を当該土地で行うには、建物を撤去する費用が必要ですし、入居者の居住権の問題も発生しますから、土地の資産価値は低下します。高齢者住宅事業の将来性を考えると、再生の可能性は高いのですから、事業を継続し、再生計画の中で一定の債権回収を図るほうが、債権者のメリットも大きくなります。

述べたように、現在、運営されている一部の有料老人ホームの経営が悪化している原因は、コンセプト設計のミス、事業計画の甘さにあり、「利用する人がいない」というものではありません。需要は高いのですから、現在発生している課題、将来発生しうるリスクを見極め、事業計画を策定し直せば、継続的な事業として成り立つ可能性は十分にあるのです。

ただし、高齢者住宅事業は、三〇年、四〇年という長期安定経営が必要となる事業です。何度も再生計画が立てられるわけではありませんし、安易な再生計画では「経営が安定していない」「あそこはあぶないらしい」というイメージだけが残ります。結果的に地域の高齢者や関連サービス事業者からは信頼されず、さらに入居者が集まらないという悪循環に陥ることになります。長期的視点がない安易なサービスカットや一方的な値上げなどは、短期的には収支が改善したとしても、イメージダウンが避けられない最悪の手法だと言えます。それは、結果的に二次破綻、三次破綻を招き、入居者・家族にさらにダメージを与えることになります。また、不安定な経営状態の有料老人ホームに、優秀な介護・看護スタッフは集まらないでしょう。

また、述べたように、高齢者住宅の収支は、二〇年、三〇年の長期スパンで回っています。目先だけの改善計画ではほとんど意味はなく、入居者や家族の不信を高め、トラブルを拡大させるだけです。一時的な延命措置ではなく、問題を明確にし、長期安定した計画のもとで「新しく生まれ変わった」ということを、内外にしっかりと示す必要があります。

また、私はその事業の特殊性を勘案すると、一般の再生手法だけでは不十分であり、再生にあたっては、一定のルールを策定すべきだと考えています。事業の特殊性から見た再生に必要な視点について考察します。

二　事業再生における責任と負担

事業再生を検討するにあたって、まず明らかにしておきたいのは、経営悪化に対する責任です。高齢者住宅の経営が悪化し、事業再生が必要となった場合、経営が悪化した、計画が破綻した原因を明らかにし、その経営責任を明確にする必要があります。そして同時に、その再生にかかる負担を、その責任や役割に応じて分担しなければなりません。これは、どのように再生計画を進めていくのかを検討する上においても、非常に重要なことです。

その責任と再生負担を負わなければならない人は四人います。

❶経営者の責任

一人目は経営者です。営利目的の民間事業ですから、その経営失敗の責任はすべて経営者にあります。

高齢者住宅の経営破綻は経営者が事業失敗の金銭的な負担を負えばよいというだけでなく、入居者や家族の生活を崩壊させることになるという、社会的・道義的な責任も重いものです。サービスカットや月額費用の値上げなどが行われる場合の説明責任、契約違反を問われる場合の法的責任も、すべて経営者が負うことになります。

言うまでもなく、あとの三者と比べても、最も責任が重いのが経営者です。事業再生に伴って、入居者に対する値上げや、銀行に対する債権の削減など、関係者に協力を求めるのであれば、必ず、それ以上の負担を経営者が負わなければ、公平性・正義に反することになります。

今後、「再生計画」の中で、入居者に対して一定の負担を求めるケースが増えてくると思いますが、経営者は値上げするだけで何も責任を問われないということになると、入居者や家族は納得しないでしょうし、関係者から信頼を得ることはできません。それは地域の高齢者や関連サービス事業所にも伝わりますから、新しい入居者を遠ざける結果となり、一時的に再生しても、再び経営に行きづまることになります。

事業再生が必要になるということは、経営手腕・経営力が不足しているということです。ケースにもよりますが、経営責任を明らかにして、経営者を変更するなどの対応は必要でしょう。また、当該運営事業者が株式会社である場合、その株主もその出資割合に応じて責任を負う必要があると考えています。

❷銀行の責任

経営者に次いで、責任と負担を負うべきは金融機関です。これは「貸し手責任」と呼ばれるものですが、金融機関はビジネスとして融資しているのですから、経営が悪化した場合、貸付額を限度に、付随するリスクを負う責任があります。

問題の背景には、「失われた一〇年」と呼ばれる未曾有の大不況の中での高齢者住宅事業に対する過剰な期待があると述べましたが、これは事業者だけでなく、その開設を後押しした銀行も同様です。優良な貸し手が見つからず、貸出資金が余る中で、成長産業として有料老人ホーム・高専賃などの事業には、積極的に貸し出しが行われています。担当者と話をすると「新しい事業で事業性の有無が正確に判断できなかった」という声が多いのですが、その責任は小さくありません。

経営が悪化したからと言って、銀行が一気に資金の回収を図ると高齢者住宅は一気に潰れてしまいます。また、銀行返済を優先し、そのために入居者の利用料を大幅に上げるというのも責任の大きさから見れば、順序が違うでしょう。その社会性・公益性を理解し、銀行は再生計画に積極的に参加・協力する必要があると考えています。

❸入居者の責任

三人目は、入居者・家族が負うべき「選択責任」です。

特別養護老人ホームは老人福祉施設ですから、遠い将来、高齢者が少なくなり、その社会的役割を終えるまで事業閉鎖になるということはありません。しかし、有料老人ホームは民間の営利目的の事業ですから、倒産する可能性があるということを利用者は認識、理解しなければなりません。業界として情報開示や保護施策が不十分であることは事実ですが、それでも利用者は一定の責任は負うべきと考えています。

❹行政の責任

もう一人は行政です。営利目的の民間の事業ですから、個々の経営悪化・倒産に行政が責任を負うということはありません。しかし、この問題が拡大し続けている一つの原因は、高齢者住宅施策の失敗にあります。有料老人ホームの届け出制度は有名無実化し、質的にも量的にも全く管理できない状態になっています。「行政は経営には関与しない」という立場ですが、入居者保護や経営を安定させるための最低限のルールづくりすら行われておらず、実質的な指導監査体制も整っていません。全体として見ると、制度設計不備に対する責任は重いと考えています。

以上、再生の責任者と負担者を挙げましたが、事業再生計画は、この四者がそれぞれの責任を明確にし、理解・協力の上で進めていく必要があります。

三　事業再生における行政関与の必要性

私は、その社会性、公共性、入居者への生活の影響の大きさなどを考えると、高齢者住宅の事業再生は、民間まかせにするのではなく、「再生計画の届け出」「再生計画の審査」「再建後の経営チェック」など、強制力を持つ再生指針を定め、行政の一定関与のもとで再生させるべきだと考えています。行政関与が必要となる理由は、四つあります。

❶入居者保護

一点目は、入居者保護です。

事業再生においては、当初の事業計画が破綻した原因を究明し、その経営責任を明確にしなければなりません。そしてその再生にかかる負担を、その責任や役割に応じて分担する必要があります。しかし、金融機関と経営者間での話し合いによる財政再建だけでは、その負担が、行き場のない、立場の弱い入居者や家族に向けられ、入居一時金の追加徴収、月額費用の改定、サービスの低下などが一方的に行われる可能性がでてきます。

特に、有料老人ホームは、利用権というあいまいな権利のため、M＆Aなどで運営企業が変更になった場合、居住者の権利は自動的には引き継がれません。高額な追加費用やサービスカットを求められても、入居者はこれに抗弁することができず、言われるままに支払うか、退居を余儀なくされることになります。

述べたように、入居者も一定の責任を果たすべきですが、行き場のないことがわかっていて「嫌なら出て行け」というような、弱い立場の入居者・家族に安易に負担を押し付ける再生計画は、許されることではありません。入居者保護の観点から、その再生計画が不公平なものでないか、第三者がしっかりと監視する必要があります。

❷二次破綻・三次破綻の防止

二点目は、再生計画のチェックです。

高齢者住宅の将来性に対する期待に加え、特定施設の総量規制によって介護付有料老人ホームの新規開設がむずかしくなったことから、事業譲渡などのM＆Aが活発に行われており、一部の有料老人ホームは非常に高額な費用で取引されています。

しかし、要介護高齢者を対象とした介護付有料老人ホームは、まだ新しい事業であり、長期安定経営の視点からデューデリジェンス（事業評価）手法が確立されているわけではありません。また、

M&Aを取り仕切る仲介業者には、譲渡価格が高額であればあるほど、仲介料も高くなるのですから、高い値段を設定したいというインセンティブが働いています。

実際、表面上は利益がでている有料老人ホームを、さらに経営内容がわからない事業者が、高額な値段で残ったリスクだけを買っているというケースも多く、事業者がつぎつぎと変わったり、売却先と購入者の間で、訴訟合戦も発生しています。民間同士の取引ですから、そのリスクは引き受け側の事業者が責任を負えばよいことですが、それは同時に二次破綻、三次破綻につながる可能性が高いということを示しています。そして、経営が再び悪化した場合、その負担は、再び入居者に転嫁されていくことになります。

それを防ぐためにも、事業再生計画に甘さや問題点がないか、新しい経営陣は経営ノウハウを持っているのかなどについて、第三者がチェックする必要があります。

❸迅速な対応の必要性

三つ目は、迅速な再生の必要性です。

秋田県仙北市の介護付有料老人ホーム「花あかり角館」が、突然の事業閉鎖を余儀なくされた直接の原因は、給与の遅配によるスタッフの大量離職です。スタッフや入居者・家族にとどまらず、地域の介護福祉ネットワークにまで影響を及ぼす最悪の結果となったのですが、このような状況になる前に、再生の糸口はいくつもあったはずです。しかし、行政も経営者も必要な手を打たず、事業再生の方向性を決められなかったため多くのスタッフが退職し、突然事業が継続できないという状況に陥ったのです。

極論を言えば、基本的に有料老人ホーム事業は将来性のある事業ですから、再生の方向性さえ決まれば、お金の問題は後からどうにでもなるのです。逆に、どうにもならないのが、スタッフの退職によってサービスがストップしてしまうことです。

特に介護付有料老人ホームの対象者は要介護高齢者ですから、介護看護、食事などのサービスが止まると、その生活を維持することができず生命に関わる問題となります。事業の再生中も二四時間三六五日、これらのサービスを継続しなければなりません。「事業再生に向けて、準備万端整えて、半年後に心機一転頑張ろう!!」ということができる事業ではないのです。

そのため、高齢者住宅の再建において不可欠となるのが、迅速な対応です。「あの有料老人ホームの経営があぶない」ということになり、その再建の方向性が定まるまでに時間がかかると、働いているスタッフも不安になります。介護労働者不足によって、介護スタッフは引く手あまたですから、つぎつぎと介護スタッフが退職・離散してしまうと、財政的な再建計画が立てられても、運営できないという状況になってしまいます。

指導監査の中で、経営状態についても把握し、このような突然倒産するという最悪のケースを回避しなければなりません。

❹再生に対する「お墨付き」

もう一つは、再生に対する「お墨付き」です。

事業再生計画の中で、金融機関に債権放棄や返済計画の見直しなどを求めるとしても、金融機関も預金者や株主などに対する説明責任がありますから、安易に債権が放棄できるわけではありません。その再生計画の信頼性やその事業再生計画が順調に進められているのかについて、公平・公正に判断することが必要となります。

これについては、中小企業再生を支援する「中小企業再生支援協議会」や、事業再生ADR（裁判外紛争解決手続）をすすめる「事業再生実務家協会」もありますが、有料老人ホームの場合、その後の指導監査にも大きく関わってくることから、再生支援も一体的に行えるシステムが必要だと考えています。

また、高齢者住宅は、地域の介護福祉ネットワークの一つとして存在するものですから、事業を再生させるためには「地域からの信頼」が不可欠です。事業再生を行うことによって「あの老人ホームはあぶない」という風評が立つと逆効果となり、短期的に財務内容が改善されたとしても新しい入居者は入ってきません。結果的に再び経営が悪化するということになります。

それぞれの責任を明確にし、事業計画を精査した上で「倒産しかかった老人ホーム」というイメージを払拭し、「新しく生まれ変わった」ということをアピールできなければ、真の再生はないのです。

以上四点挙げましたが、この根幹にあるのは、行政が一定の責任を負うということです。現在の行政の立場は、「高齢者住宅事業は民間の営利目的の事業であり経営には関与しない」というものですが、超高齢社会における高齢者住宅の重要性や、公的介護保険を利用するという公共性を考えると、悪徳業者の参入を防ぎ、業界の健全育成をサポートするという責任を負って、行政が積極的な役割を果たさなければなりません。

実際、税金滞納によって運営中の有料老人ホームが土地・建物を自治体に差し押さえられるようなケースも出てきており、中小の事業者も多いことから、今後は「突然、老人ホームが倒産し、経営者が行方不明」「説明もなく破産して終わり」といった事態も想定されます。入居者・家族の負担、地域の介護福祉ネットワークへの影響を考えると、事業譲渡先の選定や人的支援など、行政がその再生を積極的に支援しなければならないケースがでてくるでしょう。

法的整備も含め、その再生スキームを早急に検討し、積極的に事業再生を推進する必要があると考えています。それが行政の負うべき責任の第一歩です。

四　有料老人ホーム事業再生指針の検討

有料老人ホームの事業再生の策定は事業者の責任、役割ですが、事業の公共性・社会性を鑑み、指導監督責任がある行政が、一定の強制力や役割を果たすべきだということを述べました。

一般企業の事業再生を私的整理で行う場合においても、「私的整理に関するガイドライン」が策定されていますが、有料老人ホームなどの高齢者住宅の事業再生の場合、再生をスムーズに行うための任意のガイドラインではなく、入居者保護や情報開示、行政の指導監督責任を明確にした、「再生指導指針」という側面が強くなります。有料老人ホームの再生指導指針を検討する場合、必要となるポイントを挙げます。

❶届け出の義務化

一つは、事業再生を行うにあたっての届け出の義務化です。

本来、企業再生・事業再生というものは、過剰債務で経営困難な状況に陥っており、自力による再建が困難である場合に、債務者からの申し出によって行われるものです。事業再生を行うかどうかは任意であり、経営者の判断で「破産する」「事業をたたむ」という選択も可能です。

図表13　経営悪化を主因とする事業再生

①　経営者が変更となる場合（主要経営陣の変更を含む）
②　株主が変更となる場合（減資・増資を含む）
③　土地・建物の所有者の変更
④　金融機関などの債権者に債務削減、金利減免、返済計画の猶予を求める場合
⑤　既存のサービス内容の変更を行う場合
⑥　月額費用の改定・入居一時金の追加徴収を行う場合

しかし、有料老人ホームは、老人福祉法、介護保険法など、様々な法律に則って運営されている公益性・社会性の強い事業ですし、経営が不安定になると入居している高齢者の生活の根幹をゆるがすことになります。そのため、事業再生計画の策定だけでなく、破産や事業閉鎖にあたっても、必ず、事前の行政への届け出・事前協議を強制し、義務づけるべきだと考えています。それが一般の事業再生との最大の違いです。

❷事業再生対象の明確化

その届け出義務化を行うにあたって重要となるのは、どのような場合に届け出しなければならないかという、対象となるケースの明確化です。そのケースとして図表13の六点を想定しています。経営悪化を要因として、M＆Aなどによって経営者や株主が変更となる場合、土地や建物の所有者が変更となる場合の他、現在のサービス内容を変更する場合や、大幅な値上げや一時金追加徴収を行うケースでも、事前の再生計画の届け出を義務づけるべきだと考えています。

❸事業再生の開始

事業再生は、経営が悪化している有料老人ホーム事業者から、「経営が悪化しているので再生計画を策定したい」という届け出によってスタートすることになります。ただし、早期に事業再生計画を策定することができれば、その負担や影響は小さくすることが可能です。そのためには届け出を待つということだけでなく、経営改善が必要だと判断される場合、行政から事業再生計画の策定を指導する、命じるということも必要になります。そのためには、「第2章　指導監査体制を強化すべき」で述べたように、行政は、経営状態についても把握しなければなりません。

この事業再生の開始にあたって確認しておかなければならないことは、「経営悪化に陥っている原因」「現在の資産・経営状態」「このままでは破綻する理由」「事業再生の可能性」「事業再生の方向性」です。現状把握の書類の提出を受け、またこれにまちがいがないか、経営者から聞き取りを行うなど、チェックする必要があります。

❹事業再生計画の策定内容

有料老人ホームの再生計画は、基本的には現在の経営陣が中心となって策定しますが、M&Aなどで経営陣が変更となる場合は、新しい経営者も含めて検討することになるでしょう。この事業再生計画の内容について、一定の監査を行うことになりますから、具体的な再生計画の内容、流れが示されていることが必要です（図表14）。

図表14　事業再生計画の策定

① 経営悪化に陥っている原因の分析
② 再生計画の具体的内容（経営悪化に陥った原因の除去を含む）
③ 財政再建計画（M＆A・資本強化・長期債務免除、返済計画見直しなど）
④ 資金調達計画・債務弁済計画
⑤ M＆Aなどを行う場合、新しい運営会社の資産・経営状態がわかるもの
⑥ 金融機関などの債権者の意見書
⑦ サービス改定・価格改定に関する事項
⑧ サービス改定・価格改定に承認（対応）できない入居者への対応
⑨ 中期的・長期的な資産・負債・損益の見通し（10年）（30年）
⑩ 事業再生計画の成立・実施に向けてのスケジュール

❺事業再生計画の審査

提出された当該事業計画の中身や再生の可能性について、行政責任において審査を行うことになります。提出された書類を精査し、その内容について聞き取りを行います。ここで原因を十分に追究しないまま安易に再生計画を認めてしまうと、二次破綻、三次破綻の可能性がでてきます。M＆Aなどで新しい経営者に変わる場合、その経営力についての審査が必要になりますし、現在の経営者の責任が明確となっているか、安易に入居者に負担を押し付ける再生計画になっていないかといったチェックも必要です（図表15）。

策定された再生計画について、適正だと認められた場合、その届け出を受理することになります。逆に計画に問題がある場合、再策定（見直し）や、成立・実施における条件、意見書などを付与するということになるでしょう。

❻事業再生計画の成立

事業再生計画は、行政が審査しこれを認めることによって成

図表15　事業再生計画の審査項目

① 経営悪化に陥っている原因が正確に把握されているか
② 再生後の事業計画に見通しの甘さはないか
③ 経営責任・株主責任は明確になっているか
④ 経営者（事業者）が変更となる場合の、新経営者に対する審査
⑤ 金融機関などに対する貸し手責任は明確になっているか
⑥ 経営の失敗を入居者・家族に押し付けるような計画となっていないか
⑦ サービス・価格の改定で退居を余儀なくされるようなケースはないか

立するのではなく、最終的には債権者と債務者間の合意の上で成り立つものです。その実施にあたっては、個々の債権者に対して事情を説明し、同意を得なければ成立しません。

債権者の同意を持って成立とし、成立・不成立を行政に報告するという流れになります。特に、価格やサービスの改定を伴う場合は、入居者・家族に対して、個別にていねいに説明を行う他、説明会を開催し、一定の賛成を得ることが必要になります（図表16）。

この再生計画の成立にあたっては、どの程度の入居者が同意すれば「サービス改定・価格改定」が認められるのかという問題がでてきます。全入居者の承諾を得なければサービス改定・価格改定ができないとなると、再生計画のハードルが非常に高くなります。少数の入居者の不同意で再生できずに他の入居者の生活を脅かすことになってしまうのです。

入居者の三分の二、四分の三など、一定の成立要件を示すべきでしょう。ただし、中には「再生計画に同意できない」「値上げによって退居せざるをえない」というケースもでてきますから、値上げを承諾できない入居者に対する支援策も進めなければなりません。

図表16　事業再生計画の成立要件と報告事項

① 事業再生計画の成立届（再生計画の内容）
② M＆Aなどが行われる場合の事業譲渡契約
③ 金融機関など、主たる債権者の支援計画書
④ 入居者・家族を含めたサービス・価格改定にかかる説明会議事録
⑤ 入居者・家族のサービス改定・価格改定後の契約書
⑥ サービス改定・価格改定によって退居となる人への支援計画
⑦ その他債権者（金融機関以外）の支援計画書・意見書

❼進捗状況のチェック体制

もう一つ、重要なことは再生の進捗状況、経営状態の把握です。計画通りに経営の改善は進められているか、再生計画の実施に際して付与した条件は守られているかなど、厳しくチェックしなければなりません。

再生後、ある一定の期間においては情報開示内容を厳しくしたり、入居者募集状況、収支状況を細かく報告させるなど定期的な確認が必要になります。どの程度で経営の安定期に入るのかはそれぞれに違いますが、最低五年程度は、再生計画が順調に進んでいるか、通常の指導監査以上の厳しい経営監視が必要になると考えています。

五　事業再生のための公的支援の検討

もう一つ、実務的な作業として必要となるのが、公的支援の検討です。

有料老人ホームは、公的な福祉施設ではなく、市場の競争原理にもとづく民間の営利目的の事業です。利益を享受できるという半面、経営悪化の責任は経営者にあり、倒産・破産に至った場合、出資した株主や債

権者も、その責任や損害を負うというのが基本です。

同様に、契約による入居ですから「入居者の選択責任」が基本であり、契約違反などの金銭的なトラブルについては、民事（損害賠償など）で解決するということになります。バブル崩壊後の銀行や日本航空への公的資金投入など、いくつかの例はありますが、公益性・社会性が高いからと、民間企業の経営支援に行政が関わることは、マーケットの公平性という視点から見ると、安易に行ってよいものではありません。

しかし、有料老人ホーム事業は、高齢者の生活の根幹となる事業であり、これからの社会インフラの一つとして不可欠な事業です。行き場のない高齢者が増えることは、社会不安にもつながることから、業界の健全化・経営の安定化に向けて、行政が果たさなければならない役割は小さくありません。

どのように行政がサポートするのかは、たんなる制度的な問題としてだけではなく、これからの社会保障のあり方を含め、大局的・政治的な視点から検討することになると思いますが、様々なケースを想定し、経営が悪化した事業者に対する実務的な支援方法を考えておくことは必要だと考えています。

ここまでの議論を含めて、公的支援について考察します。

❶再生に向けたサポート

一つは、再生に向けた、サポート体制の確立です。述べたように、経営が悪化した高齢者住宅の事業再生に向けては、行政が一定の役割を果たすべきだと考えています。

有料老人ホームの事業としての将来性、魅力から再生対象のホームを引き受けたいと考えても、経営状態がわからないと簡単に手が出せません。現状でのM＆Aもトラブルとなるケースも増えており、二次破綻や三次破綻が増えてくると、その傾向は強まり、民間だけでは事業譲渡はむずかしくなるだろうと考えています。行政が、その経営状態をしっかりと診断し、事業再生の方向性を明確にすることで、再生に協力してくれる金融機関や大手老人ホーム事業者は増えるはずです。

再生計画の届け出や審査だけでなく、事業再生計画の中で、M＆Aで事業の譲渡先を探すことや、介護・看護サービスの提供について、地域の社会福祉法人との提携を仲立ちするなど、中立的な立場でできることは、たくさんあるはずです。

❷公的資金の投入検討

二点目は、公的資金の投入検討です。

民間企業に公的資金を安易に投入することは厳に慎まなければならないのですが、検討しなければならない事態の発生も予想しておく必要があります。その一つは、その有料老人ホームの倒産・事業閉鎖が地域の医療介護ネットワークに大きな影響を及ぼす場合です。

基本的に、企業の倒産は予定されているものではなく、ある日突然、表面化します。要介護高齢者を対象とした介護付有料老人ホームが倒産し事業の継続が困難になると、すべてのサービスが止まりますから、すぐに代替の施設・住居を探す必要があります。結果的に、近隣の特養ホームや老健施設、ショートステイなどが、特例的に対応せざるをえませんが、一気に五〇名、一〇〇名という数になれば、その地域で次の入所を待っている高齢者にも甚大な影響を及ぼします。

高齢者住宅事業は、再生の可能性の高い事業ですから、短期的にでも行政が運営資金を投入し、支えることができれば急激な倒産を回避することができる場合もあります。

もう一つは、再生させることが、その地域の介護福祉ネットワークのメリットとなるケースです。多くの地域で要介護高齢者を対象とした施設・住宅は不足しています。有料老人ホームの建物や設備、スタッフとそろっているのですから、そのシステムを崩壊させるよりも、再生させて、その地域に役立つ社会インフラとして再生させるほうが、メリットは大きいはずです。

たとえば、土地・建物は公営住宅として市町村が安く買い取り、介護・看護・相談などの生活サポートサービスは、地域の社会福祉法人に運営を委託するということも可能でしょう。

支援した公的資金は交付するのではなく、返済義務のあるものとし、「貸付」とすることで、事業再生計画の中で運営が改善すれば返してもらうという手続きをとることができます。また、経営者が事業を途中で放棄し、入居者保護の立場から行った必要不可欠なサポートについては、その費用について裁判などで経営者に求めることもできるでしょう。

この公的資金の投入については、条件を厳しく設定する必要がありますが、考えておくべきことだと思います。

有料老人ホームの倒産が本格化するのはこれからです。現実的に、「倒産」「事業閉鎖」ということになれば、その後始末や入居者保護は行政が主体となって行わざるをえません。また、その事業再生にはスピードも求められます。各都道府県でその実務的な体制を整えること、様々なケース検討を行い、どのような支援が可能なのかを考え、その法整備を急ぐ必要があります。

第5章　高齢者住宅相談支援センターの設立

一　高齢者住宅システムの再構築を

述べてきたように、現在の高齢者住宅の健全育成を妨げている最大の原因は、様々な制度が乱立し、混乱しているということ、その歪みで入居者保護施策が有名無実化し、最低限の指導監査すらできていないということにあります。

「施設ではなく住宅を」という話をよく聞きますが、「何が施設で、何が住宅か」という定義は明確ではありません。新聞やテレビなどの大手マスコミでは、「老人施設」「介護施設」などと表現されているケースが多いのですが、法的にはそのような言葉は存在しませんし、おそらく、その中身を理解して使われているとも思えません。新聞やテレビなどの大手マスコミでも、明らかにまちがっているものも多いというのが現実です。

有料老人ホームは民間の高齢者住宅として扱われることが多くなりましたが（本書でもそのように扱っていますが）、老人福祉法には「施設」と書かれています。また、介護保険法上の特定施設入居者生活介護の指定を受けている介護付有料老人ホームやケアハウス（一部）は、総称して「特定施設」と呼ばれていますが、最近では一定水準の高専賃にもその指定が認められるようになり、その数も増えつつあります。これは「特定施設となった高専賃という住宅」ということになります。

さらに、各事業者がつける名称もバラバラなことが、混乱に拍車をかけています。特定施設入居者生活介護の指定を受けなければ、「介護付」「ケア付」という名称は付けてはならないということになりましたが、最近よく聞かれる「ケア付住宅の整備」という場合の「ケア付」の定義は、上記の「ケア付」「介護付」という基準とは違うようですし、老人福祉施設の一つである「ケアハウス」のケアも介護保険法上の「ケア付」の意味ではありません。また、このケアハウスになぞらえて、ケアサポートハウス・ケアホームという名前の住宅型有料老人ホーム、無届施設もあります。

これは、たんなる言葉上の問題ではありません。基本的に法律によって定められる「制度」というものは、その設立の目的を明確にして策定されなければなりません。しかし、現実は、高齢者住宅・老人福祉施設の制度が縦割りで存在し、縄張り争いや綱引きの中で策定されてしまったために、その役割が混乱し、何がなんだかわからない状態にあるのです。

厚労省の有料老人ホームと国交省の高齢者専用賃貸住宅の制度が分かれている意味は、全くありません。また、悪徳業者のように言われている「無届施設」ですが、一部の地域では「宅老所」のように、民家を一部改築した建物を使って、小規模で地域の高齢者が安心して生活できるような独自のシステムも発展しています。

さらに言えば、特別養護老人ホームと介護付有料老人ホームが分かれている意味すらなくなってきています。特養ホームは、公費の補助によって作らせた「施設」ですが、入居希望者から見れば、「有料老人ホームよりも特養老人ホームの方が安くてお得」というものでしかありません。詳細は第6章で考察しますが、現在の特別養護老人ホームは、介護保険制度との歪みによって、福祉施設としては非常に問題の多いものとなっています。制度の目的が混乱し、つぎはぎだらけの制度的な区分けでは、「高齢者の住まいをどうするか」という問題に対応できないのです。

私は、社会的な役割を整理し直すとともに、これまでのような「施設・住宅」といった制度的な区分けではなく、「高齢者の安定的な住処のあり方」という視点から、統合できるものは統合し、その役割を整理し、業界全体の健全な育成をサポートできるシステムを再構築するべきだと考えています。

その中核となるのが「高齢者住宅相談支援センター」です。拙著『有料老人ホームがあぶない──崩壊する高齢者住宅事業』でも、その設立の必要性について簡単に述べていますが、指導監査体制強化を含めて、その機能と目的、システムについて試案を示します。

二　高齢者住宅相談支援センターの役割

1　入居・入所相談の一本化

「高齢者住宅相談支援センター」の役割の一つは、入居・入所相談の一本化です。

民間の高齢者住宅に入居したいと考える人は増えていますが、誰に相談すればよいかわからない、相談する場所がないというのが実情です。

介護の問題はある日突然発生し、ほとんどの高齢者・家族にとって、高齢者住宅、施設を探すのは初めての経験です。そのため、『要介護の高齢者は特別養護老人ホーム』「有料老人ホームは高い？」「介護が必要なので介護付有料老人ホーム」といった程度のイメージで探し始めることとなります。加えて、家では生活できないのに「そろそろ退院を……」と、追いつめられてあわてて探すということになるため、その契約の詳細やリスクを理解しないままに「安心・快適」というセールストークにひかれて契約してしまうのです。

しかし、実際は高齢者住宅と言っても「元気な高齢者が悠々自適な生活をおくるための住宅」「要介護高齢者が介護サービスを受けるための住宅」「高額だが手厚い介護サービスを受けられる住宅」「一定の医療ニーズにも対応できる住宅」など、その商品内容は多岐にわたります。介護付有料老人ホームは「介護が充実した」という意味ではありませんし、高齢者専用賃貸住宅も、そのサービス内容・価格は、それぞれに大きく違います。急増、乱立状態になっているため、価格とサービスの充実度は必ずしも一致しません。

私は、トラブルやクレーム急増の原因の一つは、この入所や入居を支援する機能が整っていないということにあると考えています。現状を見ると、ケアマネジャーや医療機関の医療ソーシャルワーカー（ＭＳＷ）が紹介するケースも多いようですが、こうした人たちは高齢者住宅の専門家ではありませんし、その経営状態やサービス内容・質を把握しているわけではありませんから、紹介後にトラブルとなるケースも増えています。民間の有料老人ホーム紹介業も増えていますが、基準がなく法整備も遅れているため、「系列の老人ホームだけしか紹介しない」「よく話を聞かないままで紹介ありき」といったところもあり、高齢者住宅業界同様に玉石混淆です。

また、現在の縦割り行政の中では、「自分に合った高齢者住宅を探したい」「どのような高齢者住宅があるのか知りたい」と思っても、福祉施設は「福祉関連部局」、高専賃などは「住宅関連部局」と分かれていますから、それぞれの制度のことしか説明できません。

高齢者や家族が本当に知りたいのは「特養ホーム」「有料老人ホーム」「高齢者専用賃貸住宅」といった制度や名称ではなく、「どのようなサービスがどの程度の価格で受けられるのか」「介護状態が重くなっても生活できるか」といった、実際のサービス内容やリスクです。

現在でも有料老人ホームには「重要事項説明書」というサービス内容や価格が書かれた資料があり、高専賃は都道府県などでその価格や部屋の広さ、共用設備、サービス内容について確認することができます。しかし、大学生が学生マンションを選ぶのではなく、それぞれに抱える事情は大きく違うのですから、「資料だけを見て比較検討し、自己責任で選べ」というのはあまりにも不親切です。

有料老人ホームなどの高齢者住宅には、「安心・快適」というイメージが先行していますが、どのような状態になっても生活し続けられるというわけではありません。行政は「情報開示の徹底」を呼びかけていますが、事業者は、営利目的で運営しており、そのために入居者を募集しているのです。「リスクを詳細に話せ」「できないことを説明しろ」と言っても、すべての事業者でそれが徹底できると考えるのはナンセンスです。

最近は、週刊誌などが「お勧め老人ホーム」といった特集やＭＯＯＫ本を発売しています。入居率や医療ニーズの対応力をアンケートにとって点数化したり、「お勧め有料老人ホーム１００選」といったものも見られます。しかし、述べたように入居一時金の長期入居リスクの問題がありますから、入居率が高いからといって倒産しないと約束されるわけではありません。データの中で「医療ニーズ対応可」「応相談」としていても、看護師配置を見ると、「実際はむずかしいのではないか」と思うものも少なくありません。入居者のリスクを考えると、「美味しいラーメン特集」と同じレベルで安易に捉えられるべきものではありません。参考程度にはなるかと思いますが、データや表面的なアンケートだけで一方的に優劣を判断・評価することは危険だと私は思います。

高齢者住宅を探すためには、それぞれの高齢者の状態・家族の状況やニーズに合わせて、どのような高齢者住宅があるのか、どのような高齢者住宅がふさわしいのかについて相談でき、退居や入居一時金のリスクも含めてていねいに情報提供を行い、入居を支援してくれる相談支援センターが不可欠です。

●高齢者住宅、特養ホームの入所相談を一本化

この入居・入所相談の目的はもう一つあります。

私は、この相談センターの一本化には、民間の高齢者住宅だけでなく、特別養護老人ホームや養護老人ホームなどの老人福祉施設も含めるべきだと考えています。ただし、その目的は民間の高齢者住宅と同じような「入居支援」ではなく「制度の役割の明確化」です。

特別養護老人ホーム、養護老人ホーム、ケアハウスは、その開設や運営に高額の補助金（税金）が使われている老人福祉施設です。特に特養ホームは要介護高齢者の急増によって、入所を待っている待機者は全国で四〇万人を超えるとされており、非常な狭き門となっています。団塊の世代の高齢化によって、自宅で生活できない要介護高齢者は急増しますから、六〇万人、八〇万人と右肩上がりで増えていくことになります。また、同時に家庭内での虐待や介護拒否といったトラブルの増加も危惧されており、これら老人福祉施設の社会的役割・社会的必要性は高まる一方です。

しかし、その入所者選定にあたっては、「重度要介護優先」「独居高齢者優先」など、一定の基準が示されているものの、各特養ホームへの申し込み、各ホームとの直接契約となっているため、最終的にその順番はそれぞれの老人ホームで決めることになります。

「全室個室の新型特養ホームしか入らない」「古い施設は嫌だ」という話も聞きますし、特養ホーム側としても、実際の運営を考えると、スタッフが足りないので「認知症の問題行動は断ってほしい」「食事は自分で食べられる人がありがたい」と、あまり手がかからない人を選びたいというインセンティブが働くことになります。また、同一法人のケアハウスや養護老人ホームから依頼があった場合、それを優先することになるでしょう。

しかし、それでは、老人福祉施設の本来の目的である「本当に困っている人のセーフティネット」ではなく、民間の介護付有料老人ホームの役割と変わらないということになります。

特養ホームは絶対的に不足しています。現在の待機者数を考えると「どこでもよいので今すぐ入所したい」「生活がすでに崩壊している」という本当に困っている人を優先すべきです。そのためには、現在のような施設ごとの申し込みではなく、各市町村、エリアごとに福祉施設への申し込みを一本化し、その優先度を調査・診断することが必要です。これは、現在のケアマネジャーの業務の軽減にも一定の効果をもたらすと考えています。

このように、福祉施設への入所と有料老人ホームなどへの入居相談を一本化することによって、その高齢者・家族にあった高齢者住宅・老人福祉施設を紹介することができます。加えて、公的な老人福祉施設、民間の高齢者住宅、それぞれの役割を明確にし、限られた社会資本・財政・人材を効率的に運用するという視点からも、この入所相談・入居相談の窓口の一本化が必要だと考えています。

2　トラブル相談の一本化

二点目は、トラブル相談・トラブル調整機能です。

現在、有料老人ホームや高専賃をめぐるトラブルが急増しています。述べたように、全国の消費者生活センターには、毎年三〇〇件、四〇〇〇件を超える相談が寄せられており毎年増え続けています。

このトラブル相談の視点は三つあります。

❶入居者家族の立場に立って

高齢者住宅は利用するサービスではなく、生活の根幹となる事業です。その性格上、「追い出されれば他に行き場所がない」「家族が嫌な思いをするのではないか」と、入居者や家族が弱い立場に立たされやすくなります。

相談の対象となっているトラブルには、「契約通りにサービスが提供されていない」「最初に聞いた金額と違う」といった契約内容に関するものも多いのですが、調整がつかない場合、その問題を解決するには、裁判に訴えるしかありません。しかし、実際に家族が入居している中で実際にそこまで行うことは簡単ではありません。また、気になることがあっても「現場のスタッフはがんばってやってくれている」「文句を言うようで申し訳ない」と、トラブルについて口にできないという家族は多く、「親を介護できない私の責任」と自分を責めている人もいます。そのため、入居中にトラブルが表面化することは非常にまれで、泣き寝入りとなるケースが多いと考えています。現在表面化しているトラブルやクレームは氷山の一角だと言ってよいでしょう。

言い換えれば、それが高齢者住宅事業全体の信頼性を低下させ、サービスが向上しない理由でもあります。また「契約通りにサービスが提供されていない」「最初に聞いた金額と違う」という問題は、個々の入居者の問題ではなく入居者すべてにかかわる問題です。第三者が実情を正確に把握し、トラブルやクレームを感情論ではなく、入居者の立場に立ってサービスの向上につなげるように、対応しなければなりません。

❷事業者と入居者とのトラブル調整

二つ目のポイントはトラブルの調整です。

現在、病院や特養ホームでも入院費や利用料の未払いの問題が大きくなっています。

私が以前勤めていた老人ホームや病院でも、本人ではなく家族が年金の管理をしている場合、家族からの支払いが遅れる、支払いを拒否するなどのケースがありました。実際、景気の悪化による収入減、リストラなどによって生活も厳しくなり、両親の年金を生活費に充当しているという家庭は少なくありません。民間の有料老人ホーム、高専賃などでも、「家賃・利用料の未払い・滞納」などの問題は増えてくるでしょう。

本来、一般のサービスにおいては、利用料を支払わない人に対しては、サービスの停止や、退居を求めることになりますが、特に、要介護高齢者に対して、食事や介護などのサービスをストップできるわけではありませんし、無理やり退居させることもできません。

また、認知症の周辺症状による迷惑行為で、他の入居者の生活に影響がある場合、有料老人ホームでは退居を求めることができる契約になっていますが、この判断も簡単ではありません。一方的に事業者に判断され通告されても、入居者や家族は納得できるものではないでしょう。

しかし、「タバコは喫煙場所で」といった約束事が守れない、問題行動で他の入居者の生活に被害が及ぶといった場合、何らかの対応が必要になります。今でも、寝タバコが原因の火災は少なくありませんし、それが老人ホームで発生すれば、大惨事になりかねません。しかし、特に家族がいない一人暮らしの高齢者への対応や、その後の生活場所が確保されない場合など、単独の老人ホームだけで解決することはむずかしくなります。

今後は、退居にまつわるトラブルや入居一時金の返還金について、裁判となるケースも増えてくると思いますが、その前に双方から聞き取りを行い、アドバイス、調整する機能が必要だと考えています。

❸経営状態・経営姿勢の把握

三点目は、経営状態、経営姿勢のための情報収集です。

高齢者住宅では、さまざまな生活歴、ニーズを持つ高齢者が共同生活を行うのですから、大小、様々なトラブルは必ず発生しますし、サービスに対するクレームも必ず寄せられます。その内容にもよりますが、トラブル、クレームの有無だけでその事業者の良し悪しが決められるわけではありません。

しかし、トラブルやクレームの調整や和解をはかっても、事業者がそれに従わず同様のクレームが多発するということであれば、その事業者に問題解決能力や入居者に対する誠意がないということです。トラブル相談やその調整を行うことによって、その高齢者住宅の経営姿勢や内情が見えてきます。

このトラブル相談は、入居相談や指導監査にも大きく関係してきます。事業者としても、誤解のないように入居者説明を心がけ、情報開示を徹底するなど、経営の透明性をはからないと当該相談センターの信頼を得ることができません。それは、新しい入居者が集められないということにつながります。

このような第三者によるシステムを強化することによって、一時的にトラブルやクレームは表面化すると思いますが、長期的に見るとその数が減るということだけでなく、トラブルや事故、責任の所在、入居者説明のあり方などについて、一定の基準ができるのではないかと考えています。

私は、経営者向けのセミナーで、トラブル・クレーム対応のポイントとして、「入居時の説明」「コミュニケーション」「情報開示」「スタッフ教育」「誠意」「記録」を挙げていますが、事業の性格上、どのように注意をしてもトラブルやクレームはゼロになるものではありません。

高齢者住宅という事業は、全員に同一のサービスを提供するものではなく、個々の入居者の生活や希望にあわせてサービスを提供するものです。たとえば、掃除一つにしても、隅々までキチンと掃除してほしいという人と、あまり細かなところまで触れてほしくない人、勝手にさわられるのを嫌う人と、それぞれに違います。また、入居者本人と家族とでは意見が違うということもあるでしょう。また転倒や骨折などの事故・怪我も、防ぐ工夫や努力はすべきですが、身体能力の低下した高齢者が生活している以上、すべてなくなるものではありませんし、すべて事業者が責任を負うべきものでもないと考えています。

当然、数字で表せない画一的なサービスでない以上、そのサービスには弾力性があり、すき間があります。「文句を言われた」「クレームをつける」と言ったものではなく、そのすき間を双方が埋めていくという作業が必要です。ただし、二者間での話し合いには限界があり、感情的になりがちです。その調整に第三者が立つことによって、高齢者住宅全体のサービスは向上するはずです。

3　指導監査・再生支援

三つ目の役割は、指導監査です。

述べたように、現在の有料老人ホームや高専賃などの制度間の歪みを解消し、指導監査体制を一本化、強化すべきだと述べましたが、現在のような都道府県の担当部局が指導監査を行うという体制では、その強化に限界があります。

指導監査の目的の一つは「問題点の洗い出し」、いわば「まちがい探し」ですから、運営している事業者よりも事業内容に精通していなければ、その問題点を見つけることはできません。一方、当然、事業者は「問題点は指摘されたくない」「よく見せたい」と考えます。「隠蔽体質だ！」と怒る人がいるかもしれませんが、基本的に営利目的の事業ですから、「厳しい指摘をされると経営に影響する」ということになれば、法律違反を犯してまで明らかな隠蔽工作を行うか否かは別にして、事業者もそれなりの準備をするでしょう。

従来このような行政監査は、抜き打ち監査ではなく、事前に監査日時、監査ポイントが決められており、資料を提出するというスタイルのものが一般的です。事業者が提示した資料だけ、説明だけを鵜呑みにして、何も見つけられなければ、監査の意味はありません。たとえば、「身体拘束をしている」「虐待ではないか」というクレームがある事業者に対して、事前に監査の目的と日時を指定して立ち入り監査を行っても、その日に拘束されている入居者はいないでしょうし、それが適正な監査とは言わないでしょう。

この民間の高齢者住宅の監査は、福祉施設の監査と同列に論じることはできません。

特別養護老人ホームは、全国一律のパッケージサービスですし、監査資料としても一定のノウハウが蓄積されたチェックリストができあがっています。また二〇年、三〇年と、その地域で、問題やトラブルなく運営されてきた特養ホームの運営・サービスは安定しています。そのため、実際の監査では、安定した特養ホームを先に監査し、新しい施設、問題がありそうな施設は後回しになります。その中で、新人監査員は、チェックポイントについて確認しながら、監査のあり方を勉強するという方法が取られています。

特養ホームには行政からの天下り施設長も多く、馴れ合いの感は否めませんから、この福祉施設の監査方法も見直すべきだと私は考えています。ただ、長年運営されてきた公的な老人福祉施設であること、また開設時に細かな基準に従って厳しい審査や指導が行われているため、そのような手法が採られてきたのです。

しかし、高齢者住宅事業は、それぞれにサービス内容、価格形態が違いますし、運営状態・経営者の質も多種多様、玉石混淆です。適切な指導監査を行うためには、住宅、食事、医療、看護、介護など多岐にわたって、その事業者以上に業務内容・経営に精通した担当者が、監査にのぞまなければなりません。数年単位で他の部署につぎつぎと転勤となるような公務員の人事制度の中では、残念ながらそのノウハウを蓄積することは不可能です。これは、長期的な視点での指導監査がむずかしいということにもつながります。

現在の高齢者住宅事業は制度や基準が混乱し、無法状態となっている無届施設や劣悪な高専賃もあることから、この指導監査は、その時点の問題項目を抽出することだけではなく、その後の改善を詳細に追っていく必要があります。すぐに修正できない建物や設備にかかわる問題も、長期計画を立て改善していかなければなりません。

特に、現在の無届施設や基準以下の高専賃などに対する指導は、形式的な書類による報告だけでなく、継続的な調査・監視が必要なケースは多いでしょう。経営状態に関する事業診断・経営指導についても、一律のチェックリストにもとづく、年単位の指導監査では対応できません。これまでは問題なかったのに、急に「法律が変わったから」と画一的、一方的に指導を行っても、事業者の反発を招くだけです。

これには、開設時の指導監査も含まれるべきです。

多くの有料老人ホームの収支計画を見てきましたが、明らかにまちがっているものも多く、また当初から、高い入居率となっていたり、人件費があまりにも低く設定されていたりと、当初から経営が非常に不安定な状態となるものも少なくありません。事前の届け出制度で、収支計画書を提出させても、その内容をチェックできず、たんなる数字の羅列としてしか見られないのであれば、全く意味はありません。

私は、「高齢者住宅相談支援センター」で専門スタッフを充実させ、継続的に相談支援を行うことによって、その地域に密着した本当の指導監査体制の強化が可能になると考えています。これは、述べた事業再生支援機能も関係しています。

事業再生にあたって届け出や事業計画の審査・支援機構が必要だということを述べましたが、それは、通常の指導監査とつながるものですから、この「高齢者住宅相談支援センター」が中核となって行うことが望ましいと考えています。監査を行う中で、一体的に経営状態についてチェックを行い、大規模な事業再生を行わなくて済むように、早期に対応できるというメリットもあります。

以上、相談支援センターの機能として「入居相談」「トラブル相談」「指導監査」「事業再生支援」の四点を挙げましたが、これらの機能はそれぞれが分離しているものではありません。一体として提供されることによって相乗効果を生み、その地域の高齢者住宅事業の質の向上につながるものです。そして、それは地域介護・福祉ネットワークの構築、財政や人材の効率的利用にも重要な機能であると考えています。

三　相談支援センターの設置・運営

ひとつの試案として、この相談支援センターの運営方法にも簡単に触れておきたいと思います。

この相談支援センターは、指導監査を行うため一定の強制力が必要になりますし、一部の事業者との癒着が行われると、中立性・公平性が損なわれ、制度設計全体に悪影響を及ぼすことになります。そのため、相談センターを営利事業や届け出制にするのではなく、自治体ごとの必要数を定め、行政責任で設置し、その役割・目的を明確にすべきだと考えています。

1　国による制度設計・指針整備

国の役割は法整備・制度・指針設計です。

有料老人ホーム（無届施設）や高齢者専用賃貸住宅（高専賃。後述の高優賃を含む）、老人福祉施設などに関する指導監査や入居申し込みなどの制度を一元化し、「高齢者住宅相談支援センター」の設置・運営に向けた制度整備が必要です。そのためには、高齢者住宅の運営に関する基本ルールを設定し、有料老人ホーム・高専賃などの民間の高齢者住宅を統合した指導指針を策定するべきだと考えています。福祉施設への入所基準、申し込み方法も根本的に見直す必要があるでしょう。

私は、事業内容や経営内容を把握する「経営診断プログラム」の策定を検討していますが、各事業者の経営力や経営状態、サービス内容、サービスの質、コンプライアンスなど、いくつかの項目に分け、点数化、グラフ化することができれば、入居希望者から相談を受ける場合にも、わかりやすいのではないかと思っています。

すでに述べた基本ルール設計や事業再生の指針策定も重要です。高齢者住宅事業は、法的に大きな問題があるもの以外は、私的整理で再生させることが可能だと考えています。また、再生させなければ、入居者・家族の生活を崩壊させるだけでなく、地域の介護福祉ネットワークにも大きな影響を及ぼします。

行政が事業再生に対する一定の指針を示し、「二次破綻・三次破綻防止」「入居者の権利擁護」の側面から、再生計画の届け出や審査を義務づけるべきだと考えています。これは「私的整理ガイドライン」的なものではなく、「高齢者住宅事業再生指針」とでも言うべきものです。「ケース検討事例」「公的支援方法」も含め、制度設計が必要です。

この高齢者住宅に関する「相談支援センター設置運営指針」「指導監査指針」「事業診断指針」「事業再生指針」は早急な整備が必要ですが、厳格なものではなく、その地域性に合わせ、都道府県単位・市町村単位で弾力的な運用が可能となるように留意すべきだと考えています。

2　都道府県と市町村レベルでの役割分担

このセンターの役割は、大きく分けると「入居・入所相談」「トラブル相談・調整」「指導監査・事業診断」「事業再生支援」の四つに分かれます。これを都道府県単位と市町村単位に分類し、システムを構築するのがよいのではないかと思っています。

一つは、各市町村単位で設置される「相談支援センター」です。ここでは、その管轄する地域の高齢者住宅への入居相談、各老人福祉施設への入所依頼の取りまとめ、トラブル相談、トラブル調整などを行います。

相談者には、ケアマネジャー、社会福祉士、福祉住環境コーディネーターなどの一定の資格保持者が望ましいと考えています。現状、どのようなトラブルが発生しているのか、どのようなクレームが多いのかを精査すれば、基本的な相談マニュアルを策定することは可能ではないかと思っています。

もう一つは、都道府県単位で設立する「基幹相談センター」です。これは市町村に設置される相談支援センターの中核となるもので、「監査指導・事業診断」「事業再生支援」、および、各相談支援センターの取りまとめ、運営サポートを行います。

都道府県内にある高齢者住宅の届け出や指導監査を行い、その内容について各市町村にある相談支援センターにその情報を提供します。また、入居相談事例やトラブル相談事例を集約し、事業診断や指導監査の資料とするなど、連携して業務を行うことになります。

3　行政の責任

私は、この高齢者住宅相談支援センターの運営は、都道府県が中心となってその必要数を定め、行政責任で設置すべきものだと考えています。基本的には各地区での担当制となるでしょう。

住居のあっせん・紹介については、入居者・高齢者住宅双方からの紹介料を受け、これを相談支援センターの運営費の一部にするということも可能です。ただし、手数料収入のみを収益源とすると、「入居ありき」「紹介ありき」ということになり、中立性が損なわれることになります。また、低所得者に対する紹介料の減免という視点も必要となるでしょう。

トラブル相談や指導監査などは、行政責任で行うべきものですから、公費で運営されなければなりません。

以上、この章では、「相談支援センター」の目的とシステムについて、試案を述べましたが、お読みいただいてわかるように、まだ非常に漠然としたものです。また、制度の統合や指針の作成など、簡単な問題ではありません。行政管理を強化することに、「時代に逆行する」という意見もあるでしょう。

しかし、これまで福祉施設が担っていた役割の一部を民間に委託し、要介護高齢者住宅という社会インフラを作ろうとするのであれば、その安定的な発展や悪徳業者の排除については、他の一般商品以上に国や都道府県などの行政がその責任を負わなければなりません。また、そのシステムを構築し、センターを設置するには、高額の費用が必要になりますが、現在、高齢者住宅制度、福祉施策が混在する中で無駄に使われている介護報酬や税金と比較すれば微々たるものでしょう。

指導監査システム構築と不良業者の排除は、有料老人ホーム事業の安定的な発展には不可欠であり、それがなされなければ、業界全体が今後も大きなダメージを受けることになります。現状、発生している、また発生確実な高齢者住宅の問題を整理し、来るべき超高齢社会において、民間の高齢者住宅が安定した社会インフラとして認知されるには、横断的、かつ統一性をもった制度改定が不可欠です。

Ⅲ　高齢者住宅の未来へ

超高齢社会を迎える日本において、高齢者住宅は社会インフラとして不可欠なものです。これからの高齢者住宅をどのように増やしていくのかを考える際に、それを規定する前提条件が二つあります。

一つは残された時間です。国立社会保障・人口問題研究所の推計資料によれば、後期老年人口（七五歳以上）は、二〇〇五年の一一六四万人に対して、二〇一五年には四一％増・四八一万人増の一六四五万人に、さらにその後二〇二五年には三二％増・五二一万人増の二一六六万人へと急増します。しかし、その後は二〇三〇年には二二六五万人、二〇三五年には二二三五万人とあまり変動しません。

これは、高齢者世帯数も同様です。七五歳以上の後期高齢者世帯（単独世帯および夫婦のみの世帯）は、二〇〇五年の三六七万世帯に対して、二〇一五年には五三％増・一九四万世帯増の五六一万世帯に、さらにその後二〇二五年には五七％増・一八二万世帯増の七四三万世帯へと急増します。しかし、その後は二〇三〇年には七六六万世帯とあまり変動しません。つまり、二〇二五年までのこの一五年の間に高齢者住宅の需要が急増するということです。

もう一つは財政です。二〇〇七年度の社会保障費は九〇兆円台を突破、このうち、高齢者関係給付費は全体の約七割を占めています。このまま推移すれば、二〇二五年に一五〇兆円から一六〇兆円に達すると予想されています。

高齢者住宅事業の未来は、介護や年金などの社会保障の財源問題を避けて通れません。また、この財政問題は、人材の問題でもあります。社会保障国民会議の資料によると、介護スタッフは二〇〇七年の一一七万人に対して、二〇二五年には二一一万人から二五五万人を必要としていますが、少子化によって勤労人口全体は少なくなりますから、介護スタッフとして必要な人数を確保することは簡単ではありません。

ただ、この二〇二五年を目標にして整備すればよいということではありません。高齢者住宅で暮らす高齢者の数が増え、業界のパイが大きくなればなるほど、全体の報酬や制度を見直すことはむずかしくなります。そう考えると、爆発的に増加する要介護高齢者、高齢者住宅需要を前に、制度設計のために残された時間はもうほとんどないのです。

金もない、人もいない、時間もないという「ないないづくし」の中で、残された武器は、知恵と創意工夫しかありません。私たちは、少ない財源や人材を効率的に運用し、どのように配分していくのかということを、この数年のうちに真剣に考え、長期安定的な制度設計を行わなければ、安心して暮らせる高齢社会を築くことはできないのです。

Ⅲでは、高齢者住宅をどのように増やしていくのかを起点に、介護保険制度の問題点と方向性、これからの高齢者住宅整備のポイントについて解説します。

第6章　介護保険と高齢者住宅

一　高齢者住宅事業は社会保障の財政問題を避けて通れない

「無駄づかいの排除」「予算の無駄づかいを徹底検証する」という公約によって、政権が変わりました。「事業仕分け」といった手法で財政の使い方に無駄がないかどうかを、これまでとは違った視点で、厳しく精査することは非常に意義のあることだと思っています。

しかし、同時に、それによって生み出される金額は、当初言われていたような、日本の財政問題を解決できるほどのものではないということも見えてきました。国家財政の悪化は、無駄遣いだけではなく、収支バランスが完全に狂っていることが原因だという現実が、明らかになってきたということです。

実際、「無駄か否か」という議論では、見る人や立場によって「無駄」なのか「必要」なのかは変わってきますし、それによって現在の生活が維持されている人・業界もあります。「主観的」というよりも「感情的」な議論に陥るようなケースもあり、なかなか先に進みません。そのため、私はこれからの財政運営では「無駄かどうか」だけでなく「効率的に財政運用されているか」という視点にシフトしていくべきだと考えています。

これは問題となっている公共事業や特殊法人改革だけではありません。今後一〇年、一五年で国家予算を食いつぶす勢いで激増する社会保障費でも、「効率的な財政運用」の検討が避けられない時期にきているからです。

もう少しくわしく、現実を見ておきましょう。

国立社会保障・人口問題研究所が二〇〇九年一〇月に発表した資料によると、二〇〇七年度の社会保障費は九一兆四三〇五億円と初めて九〇兆円台を突破、国民所得三七四兆七六八二億円に対する割合も二四・四%と、どちらも過去最高を更新しています。部門別に見ると、年金が四八兆二七三五億円（五二・八%）、医療費が二八兆九四六二億円（三一・七%）、介護・福祉費が一四兆二一〇七億円（一五・五%）で、このうち、高齢者関係給付費は六三兆円と全体の約七割に達しています。

平成二二年度（二〇一〇年度）予算では、一般歳出五三兆四五四二億円のうち、社会保障関係費は二七兆二六八六億円となり、初めて社会保障関係費が五〇%を超えるものとなっています。

この社会保障費は、高齢者関係給付費の割合の高さを見てもわかるように、今後、団塊の世代の高齢化、要介護化によって急速なカーブを描いて右肩上がりで増えていきます。試算されているデータを見ると、二〇二五年には医療介護費用は、八五兆～九三兆円（社会保障国民会議、二〇〇八年一〇月）、年金は六五兆円（社会保障の給付と負担の見通し、二〇〇六年五月）になると予想されており、加えて、生活保護の給付世帯も確実に増えていきます。このまま推移すれば、今後一五年という短い期間に、社会保障費は一五〇兆～一六〇兆円に達するのです。

これを補うために保険料アップや消費税の増税などが検討されていますが、景気変動の要因は多様化・国際化しており、そのサイクルは短くなっています。これまでのように長期的に安定した成長を期待することはむずかしい時代だと言ってよいでしょう。今後、消費税の値上げを含めた税制の抜本改正や、社会保険料の値上げなどの国民負担率の増加は不可避だと言われていますが、大幅な増税は消費の落ち込みにつながり景気悪化の要因となりますし、国際競争力の低下、国内経済の空洞化を叫ぶ声も大きくなっています。

国債、借入金、政府短期証券を合わせると二〇〇九年末の国の債務残高は九〇〇兆円を突破、二〇一〇年度予算案の国債発行額は過去最大の四四兆三千億円となり、債務残高は二〇一〇年には九七三兆円と空前の一〇〇〇兆円に迫りつつあります。さらに、約一八〇〇の地方公共団体の財政不足は、地方税収などの落ち込みにより、財源不足は一九九四年以降急速に拡大、二〇〇九年度末には一九七兆円となっています。

今後は、これにさらに拍車がかかります。このままのバランスで推移すると、社会保障費の公費負担は現在の三〇兆円から、二〇二五年には国と地方を合わせて五〇兆円となります。これは単発的な支出ではなく毎年必要となる金額です。その負担に耐えられず財政破綻する市町村はつぎつぎと増えるでしょう。もはや、「コンクリートから人へ」と言った言葉遊びや一時的な埋蔵金、楽観的な成長プランでは描けないほど、国家財政は深刻な状況にあるのです。

しかし、このことは、これまであまり指摘されてきませんでした。社会福祉や社会保障に「財政の効率性」を求めることは許されないからです。高齢者介護や高齢者住宅に関するシンポジウムに出席しても、多くの人が「社会保障の充実」「介護報酬のアップ」を求めて拳を振り上げています。いまや、「あの人もこの人も困っている」「あれにもこれにも国の支援が必要だ」ということになり、社会保障はどんどん充実し、そのたびに赤字が増えていくという構図となっています。

また、この社会保障という制度は追加することは容易ですが、削減することはむずかしいものです。金銭的な補助を受けているということが、生活の基礎となって生活設計がなされるからです。これは特養ホーム入所者への補助しかり、新設の子供手当、生活保護しかりです。

私は基本的には、人権や生活を守るためには「社会保障は充実させるべきだ」と考えています。しかし、財政が逼迫する中で、孫やひ孫を連帯保証人にして、お金を借り続けるという手法に限界があるということも事実です。また、後世に借金を押し付け、今が良ければそれでよいというものでもないでしょう。借金が一〇〇〇兆円ということは、利率一％としても年間一〇兆円、二％で二〇兆円です。国債の大半が国内で調達されているからと言って、健全な状態にはほど遠いということは明らかです。このまま借り入れを続ければ、国際的な信用力を失い、国家のデフォルトや高いインフレ状態となる可能性も否定できません。そうなれば社会保障、社会福祉など一気に吹き飛んでしまうのです。

この「効率的に財政を運営する」という議論は、社会保障費を一律カットしていくというものではありません。難病の子供やその家族への支援、産科医療・救急医療の充実など、社会全体として取り組むべき課題は高齢者介護だけではありません。限られた財源や人材をどこに投入していくのか、どこに配分していくのかという議論は不可欠です。

特に、高齢者住宅事業・介護サービス事業にかかる費用は金額的にも大きく、右肩上がりで増えていくものですから、この社会保障の財政問題を避けて通ることはできません。残された時間は短く、すぐにでもこの「財政の効率的運用」という議論を始めなければ、近い将来、多くの市町村の財政が破綻し、必ず「一律削減」「大幅削減」が必要となります。そうなれば、今とは逆に「あれも、これも無駄」「受給者は甘えている」という方向に世論は向かい、本当に必要としている人にさえ、最低限のサポートすら届かなくなるでしょう。超高齢社会の社会保障は、これから日本が直面する大きな財政問題であるからこそ、そのあり方について、今一度、再検証しなければならないのです。

二　集合住宅のメリットを活かすための介護報酬改正の視点

基本的に、高齢者住宅や老人福祉施設など、集合住宅で暮らす要介護高齢者が増えると、介護スタッフにとって移動の時間が必要ないため効率的に介護サービスを提供することが可能です。

排泄介助を例に挙げると、自宅介護の場合、実際の介助時間は一五分程度でも、準備や移動を考えると、一時間当たり一軒程度しか訪問することはできません。ケアプランは個々の入居者の希望やニーズによって策定されていますから、手待ち時間も発生しますし、途中でトラブルや事故があればさらに時間がかかります。順序よく、トラブルなく移動できたとしても、常勤のホームヘルパー（八時間勤務）が介護することができるのは、八～一〇人程度が限界でしょう。これに対して高齢者住宅であれば、連続的、効率的に介護を行うことが可能です。移動時間がなく、ケアプランにもとづく排泄介助の間にも、洗濯、掃除など、きめ細かいケアを行うことができます。

また、食事介助でも、スタッフ一人で二人の高齢者を介助するということは十分に可能です。食事介助と言っても「全介助」「一部介助」「見守り介助」など、状態は様々ですから、一人の介護スタッフが全介助の入居者を介助しながら、一部介助の高齢者に食事を促し補助しながら、他の入居者に誤嚥はないか、むせていないかと、見守ることができます。介護サービスが効率的に提供できるということは、同じスタッフ数でも、質の高い・密度の濃いサービスを提供できるということです。

介護サービスは、労務集約的な人件費比率の高い事業であり、介護報酬は人件費を基礎として算定されています。ですから、このように効率よく介護サービスが提供できるということは、財政的にも効率的な運用が可能となります。本来、老人ホーム・高齢者住宅で生活する要介護高齢者が増えると、介護保険財政・社会保障財政の効率的な運用につながるはずです。

しかし、現状は逆です。「高齢者住宅の増加は介護保険財政悪化の一因」と考える都道府県は多く、有料老人ホームの新規届け出の事前協議に消極的なところもあります。また、特定施設入居者生活介護の総量規制によって、新規介護付有料老人ホームの開設は進んでおらず、業界は大きく混乱しています。その結果、「さらに財政が悪化する」「自宅で生活できない、行き場のない高齢者が増える」という悪循環になっているのです。

その最大の原因は、民間の高齢者住宅での「集合住宅での介護」というメリットを活かす報酬体系となっていないからです。この「高齢者住宅と介護保険制度の相性の悪さ」は、介護保険財政の悪化だけでなく、高齢者住宅事業の健全な成長を阻害しています。長期的な視点に立って、早急に高齢者住宅の介護報酬のあり方を再構築しなければなりません。

私は、高齢者住宅に対する介護報酬には、六つの視点が必要だと考えています。

❶公平性の視点

介護保険制度は、介護保険料が四〇歳以上の被保険者、企業から徴収されており、また税金も支出されている社会保険制度ですから、公平に運用されなければなりません。しかし、制度設計が甘いために、各老人ホームでの運用において営利主義に引っ張られ、公平性は揺らいでいます。

劣悪な環境に高齢者を押し込め、介護保険の区分支給限度額を上限まで利用させて、介護報酬を得るという無届施設や高専賃もあるようですが、「本人との契約」が基本ですから、個別に規制することは簡単ではありません。一部の自治体では、一度に複数の高齢者の介護をして、それぞれの介護報酬を出来高で請求するような報酬算定は許されないという指導をしているようですが、その基準は明確ではありません。

また、総量規制によって、訪問介護などを併設したグループ一体型の住宅型有料老人ホームや高専賃が増えていますが、二〇〇六年に外部サービス利用型特定施設入居者生活介護（以下「外部サービス利用型」）が創設されたことにより、同じサービスを提供しても、介護報酬の算定方法によって、受け取る報酬額が変わってくるという制度の根本にかかわる問題が発生しています。

介護保険と福祉施策との関係についても見直しが必要です。福祉施設である特別養護老人ホームの介護報酬は、事務費や低所得者対策も介護保険から支払われていますが、これらが財政運用という視点から公平であるか否かも検証しなければなりません。

私は、介護保険制度だけでなく、低所得者対策、生活保護のあり方を含めた高齢者施策全体の再構築が必要になると考えています。

❷効率性の視点

二点目は、「効率性」です。述べたように、要介護高齢者が集まって生活している高齢者住宅では、効率的な介護サービスの提供が可能です。介護は労働集約的なサービスであり、介護報酬の大半は人件費見合いで算定されているものですから、効率的な介護サービスの提供が可能だということは、それだけ効率的な財政運用が可能となります。介護保険財政や人材が絶対的に不足する中で、この効率性を生かす報酬設計を検討するという視点は不可欠です。

現在のような非効率な財政運営がなくなると、優良な高齢者住宅の建設が進み、ひいては在宅介護の悲劇が少なくなるはずです。

❸「軽度要介護」と「重度要介護」の介護システムの違い

三点目は、軽度要介護と重度要介護のバランスです。

現在、ここ数回の介護報酬の改定を見ると、要支援高齢者に対する報酬が大きく削減されています。今後も、要介護1・要介護2の軽度要介護高齢者を含めた、この「軽度者外し」が進むことになるでしょう。先の自民党政府下で行われていた財政制度等審議会でも「要介護2」までを軽度要介護とし、「全面的に給付対象外としたケース」「生活援助を対象外としたケース」「自己負担割合を二割としたケース」の三つに分け、介護保険財政・国庫負担への影響を試算しています。

私も高齢者住宅に対する介護報酬は、実際に必要な介護サービス量と比較すると、重度要介護高齢者に対する報酬が低すぎ、軽度要介護高齢者とのアンバランスが生じており、重度と軽度とのリバランスを図るべきだと考えています。

ただ、財政審のような一律の「軽度者外し」は、実際の高齢者の生活への視点に乏しく、非常に乱暴な議論であるということも事実です。介護サービスがどの程度必要かは、要介護度だけでなく独居・同居など、生活環境によっても大きく変わってきます。高齢者世帯が増加し「老老介護」「認認介護」など、高齢者介護をとりまく環境が厳しくなる中で、「軽度要介護だから必要度が低い」と一律に判断することはできません。

私は、高齢者住宅に適用する介護報酬を検討する場合には、一律の「軽度者外し」ではなく、軽度要介護高齢者と重度要介護高齢者に対するケアプランの違い、介護システムの違いを起点に検討すべきだと考えています。

要介護１・要介護２の軽度要介護高齢者は、身の回りのことは自分でできるため、通院介助・入浴介助などの「ポイント介助」が中心となります。これは事前のケアプラン（介護計画表）でそのサービス内容・サービス量が予定でき、介護報酬の算定にあたっては、利用ごとの「出来高」で計算することがふさわしいものです。

これに対して、要介護４・要介護５といった重度要介護高齢者は、身の回りのことが自分でできないため、「汗をかいたので着替えたい」「下痢で便が何度も出る」といった「臨時のケア」や、「テレビをつけてほしい」「ベッドから降りたい」といった極短時間の「すき間のケア」が多くなります。これらは事前のケアプランだけでは対応できませんし、必要量は毎月変わってきますから、その介護報酬の算定は「出来高」ではなく、「日額包括算定」がふさわしいものです。

つまり、要介護高齢者と言っても、軽度要介護と重度要介護高齢者とでは、介護量だけでなく、必要とされる介護システムが変わってくるのです。高齢者住宅の介護報酬は、それぞれの「ケアプラン」の特徴から、そのターゲットに合せた「介護システム」はどのようなものかを考え、その介護システムに合わせた介護報酬のあり方を探るという流れが必要です。

❹使いやすさ

四点目は「使いやすさ」です。この使いやすさのポイントは二つです。

一つは、高齢者住宅のそれぞれの事業者が、独自の介護システムを構築するために使いやすい報酬体系であるということです。

「介護保険」は混合介護が基礎となっており、必要・十分な介護サービスを提供するのではなく、「介護の基本部分」を保証する制度です。言い換えれば、特定施設入居者生活介護（一般型・外部サービス利用型）の指定基準の人員配置は、高齢者住宅の標準的な介護システムを示すものではないということです。それが特養ホームや老健施設などの施設サービスとの最大の違いです。

現在の高齢者住宅の介護サービスの形態は「特定施設入居者生活介護の指定を受けているか否か」を基礎に策定されていますが、本来は、「重度要介護高齢者対応」「医療ニーズ対応」「リハビリ機能強化」など、対象とする高齢者や地域ニーズにあわせて、介護保険を使ってどのような介護システムを構築するのかという視点でとらえなければなりません。高齢者住宅に適用される介護報酬は、独自の介護システムを構築するために使いやすいということが必要です。

もう一つの使いやすさは、「要介護度変化」への対応力です。

高齢者の最大の特徴は、加齢や疾病によって、短期間のうちに要介護度が変化していくということにあります。それは入居者の要介護度の重度化によって、個々の入居者が必要な介護サービス量だけでなく、高齢者住宅全体の介護サービスの必要量が変わってくるということです。高齢者住宅の介護システムは、その必要量の変化に対応しなければなりません。たとえば、現在の介護付有料老人ホームの介護システムは、【３：１配置】【２：１配置】など、要介護高齢者対比でスタッフ数が一定に定められていますが、それでは提供できる介護サービス量は一定ですから、要介護度の変化に対応することはできません。

高齢者住宅に適用する介護報酬は、この要介護度の変化に対応した介護システムを構築しやすい介護報酬にするという視点が必要になります。

❺ケアプラン・アセスメントの視点

効率的な介護は、ケアプランにもとづく「個別ケア」ではなく、従来の特養ホームで行われていた、時間を決めての一斉の排泄介助、流れ作業の入浴介助に見られるような、事業者主導の「集団ケア」につながるという意見がありますが、基本的に介護報酬の算定方法と「個別ケア」「集団ケア」の議論は分けて考えるべきです。

入居日数を基礎として報酬算定される日額包括算定方式であっても「集団ケア」から脱皮している特養ホームはたくさんあります。逆に、利用した介護サービスの回数によって出来高で算定される区分支給限度額方式だからといって、個別ケアが実践されているとは言い切れません。

厚労省は高齢者住宅に対する訪問介護の利用について、「三〇分の訪問介護を算定する場合は、少なくとも二〇分以上は介護すべき」との基準を出していますが、それでは、実際にどのようなケアが必要かではなく、どうすれば最大限の報酬が算定できるかという「書類上のケア」が重視されることになります。営利目的の事業者である以上、利益を高めるためには、サービスの効率性を重視するというのは当然ですから、「出来高算定にすれば個別ケアが進む」というのは幻想です。書類上のケアが進むとケアプランそのものが入居者ニーズではなく事業者都合になってしまいます。

大切なことは、「入居者に合わせたケアプランが策定されているか」「ケアプランの介護計画が実行されるだけのスタッフがそろっているのか」ということです。そして、その基礎となるのは、その入居者がどのような状態なのかという「アセスメント」(評価)です。ケアプランはアセスメントと介護計画に分類して考えるべきで、医療に置き換えると、アセスメントはどのような病気なのかという診断、介護計画は実際の注射や投薬です。診断内容を重視せず、時間あわせの書類がそろえば高い介護報酬を得られるというシステムに問題があるのです。

個々の入居者の状態・ニーズに沿った介護サービスを提供し、介護サービスの効率性を高めるには、高齢者住宅の介護システム・ケアプランというもののあり方・特性を理解し、介護報酬を検討することが必要です。

❻報酬改定には時間をかけて

高齢者住宅事業を含め、高齢者介護サービス事業の最大の特徴は、民間の営利目的の事業でありながら、公的な社会保障制度に依存していることにあります。そのため、事業者の経営努力の及ばない介護報酬の改定に、その経営が大きく左右されます。また、「混合診療」を原則的に禁止している健康保険を利用する医療経営と違い、混合介護が基礎となっているため、高齢者住宅事業の場合、その報酬改定や制度改定による影響が、そのまま直接、入居者・利用者の価格改定につながるというリスクも持っています。

現在の高齢者住宅に対する報酬設計は、公平性に欠け、非効率で問題が多いということは事実ですが、急激な報酬改定は、倒産ホームの急増や価格改定、サービスカットにつながることになります。想定よりも収支が悪化している事業者も多いことから、「便乗値上げ」が増えることになるでしょう。

現在の法律では、三年ごとに報酬を見直すこととなっています。軽微な調整であれば問題ありませんが、大きな改定については、事前に情報を開示し、移行期間も検討した上で、改定すべきだと考えています。

以上、介護報酬の見直しに必要な視点を六点挙げました。

繰り返しになりますが、自宅よりも高齢者住宅の方が介護サービスを効率的に提供できるということは、高齢者住宅が増えると介護保険支出の抑制につながりますし、安心して入居できる高齢者住宅が増えると、特別養護老人ホームの施設不足も解消され、行き場のない多くの高齢者・家族の不安は解消されるのです。

そのためには、まず、高齢者住宅と介護保険の相性を見直すことが必要です。

少し専門的な話になりますが、現在の高齢者住宅に適用されている介護報酬改正の問題点と方向性について試案を述べます。

三　介護報酬見直しの方向

１　介護付有料老人ホーム（一般型特定施設入居者生活介護――日額包括算定方式）

❶財政悪化の筋道

現在、高齢者住宅に適用されている介護報酬の一つは、介護付有料老人ホームなどに適用されている一般型特定施設入居者生活介護（一般型特定施設）です。

この介護報酬は、要介護度別に報酬単価が設定されており、入居者が生活した日数で報酬が算定されます。これを日額包括算定方式と呼んでいます。たとえば、要介護１の高齢者の場合、一日あたり五七一単位の介護報酬が設定されていますから、介護付有料老人ホームに一ヵ月（三〇日）入居した場合、一万七一三〇単位（五七一単位×三〇日）、つまり一七万一三〇〇円（一単位一〇円として）が介護報酬として算定されます。ケアプランによって、実際に受けるサービス量、サービス内容は違ってきますが、要介護度で同じであれば、サービス内容に関わらず一日の介護報酬は同じです。

この一般型特定施設の指定を受けた介護付有料老人ホームの介護システムの特徴は、特別養護老人ホーム、老人保健施設などの施設サービスと同様に、二四時間三六五日介護スタッフが常駐しており、当該有料老人ホームの責任で介護看護サービスが提供されることにあります。また、どれだけ介護サービスを受けても費用が変わらない包括算定であることから、要介護高齢者には人気があります。

しかし、この介護報酬の問題は、この月額一七万円を超える介護報酬支出が、自宅で生活する要介護1の高齢者と比較すると、非常に高いものとなっていることにあります。図表17は、自宅で生活する要介護高齢者の区分支給限度額の利用割合と、特定施設入居者生活介護の月額報酬（三〇日）を比較したものです（二〇〇八年度（平成二〇年度）介護給付費実態調査）。これを見ると、自宅で生活する要介護1の高齢者は一ヵ月六八七六単位（四一・五％）しか利用していないことがわかります。介護付有料老人ホームの一万七一三〇単位と比較すると、その差は一人当たり二・五倍、金額にして一ヵ月当たり一〇万円を越えています。

介護付有料老人ホームに入居している要介護1の高齢者は二万七一〇〇人ですから（図表18）、それだけでも金額に直すと一ヵ月あたり約二八億円、年間三三〇億円を超えるものになります。これが、介護付有料老人ホームが増えると、介護保険財政が悪化すると言われている理由です。

❷介護システムの課題

この問題は、一般型特定施設を利用した介護システムの課題とリンクしています。

一般型特定施設の指定基準は、要介護高齢者三人に対して介護看護スタッフ一名【3：1配置】と、入居者対比でスタッフ数が決められています。全入居者が要介護1でも要介護5でも同じです。

介護サービスは労働集約的な事業ですから、一人の介護スタッフが提供できる介護サービス量は

図表17　介護報酬の制度間の歪み
――区分支給限度額の利用割合と特定施設単価の比較――

	区分支給限度額方式（全体）			一般型特定施設（介護付有料老人ホームなど）
	区分支給限度額（単位）①	平均利用率（%）②	平均給付額（単位）（①×②）	日額包括算定方式による月額（単位）
要支援１	4970	46.8	2324	6090
要支援２	10400	39.8	4141	14070
要介護１	16580	41.5	6876	17130
要介護２	19480	48.0	9351	19230
要介護３	26750	50.8	13587	21330
要介護４	30600	56.8	17392	23400
要介護５	35830	58.0	20766	25530

資料）「平成 20 年度介護給付費実態調査結果の概況」

図表18　介護付有料老人ホーム（特定施設入居者生活介護）の要介護度別利用者

	利用人数（人）	割合（%）
要支援１	8,700	6.3
要支援２	11,900	8.7
要介護１	27,100	19.7
要介護２	25,600	18.6
要介護３	25,900	18.9
要介護４	22,700	16.5
要介護５	15,400	11.2
合計	137,300	100

資料）『介護給付費実態調査月報』（平成 21 年９月）

限られています。入居者に対する介護看護スタッフ数が一定だということは、提供できる介護供給量（総介護力）が一定だということです。同じ介護スタッフ数でも、軽度要介護高齢者が多い場合は、手厚い介護サービス提供が可能ですが、重度要介護高齢者が多くなると、それぞれの入居者への対応力は弱まってしまいます。言い換えれば、重度要介護高齢者が増えると、一人ひとりのスタッフ業務量が増えるということです。

この【3：1配置】は、特別養護老人ホームの基準と同じですが、有料老人ホームは全室個室であり、複数人部屋の特養ホームと比較すると、サービス提供の効率性は格段に低下します。実際には、この指定基準程度の介護スタッフ配置の場合、重度要介護高齢者が増えると、全体で必要な介護サービス量が、提供可能な介護サービス量を超えてしまうため、最低限の介護サービスの提供すらむずかしくなります。特に、食堂と居室、スタッフルームなどが離れているなど、介護動線、生活動線が考えられていない場合、スタッフは介護に追われてホームの中を走り回ることになります。その結果、働く介護スタッフにも余裕がなくなり、過重労働となるため、退職する介護スタッフが増える、細かな問題に目が届かずにトラブルや転倒が増加するという悪循環に陥るのです。

そのため、入居者選定にあたっては、できるだけ介護の手がかからない軽度要介護が選ばれることになります。「食事介助が必要な人は受けられない」「排泄は自立の人をお願いします」といった要望が現場サイドから出されることは珍しくありません。結果、介護付有料老人ホームには、「要介護1・要介護2」程度の入居者が多くなるのです。

この問題は、介護サービス量と介護報酬のバランスが悪いということも関係しています。要介護1の入居者の一ヵ月の介護報酬は一万七一三〇単位、要介護5は二万五五三〇単位と、報酬の差は一・五倍程度ですが、実際に必要な介護量の違いはそれどころではありません。どれだけ少なく見積もっても、三～四倍にはなるでしょう。しかし、全入居者が要介護1であっても、要介護5であっても、【3：1配置】というスタッフ配置は同じです。つまり「一般型特定施設」の介護報酬は、スタッフ配置に対する報酬という意味合いが強いため、実際の介護サービス量から見ると、「軽度に厚く、重度に薄い」ものとなっているのです。

介護付有料老人ホームは、「介護が必要なための高齢者のための有料老人ホーム」というイメージです。入居者・家族が介護付有料老人ホームに入居する理由は、介護サービスを受けるため、また、将来、重度要介護状態になった時の安心のため、というニーズに重点が置かれています。特に、要支援、要介護1、要介護2までの軽度要介護高齢者にとっては、「常時介護がないと暮らせない」というよりも、「将来の不安解消」というニーズが強いでしょう。

しかし、自宅で生活する要介護1の高齢者は六八〇〇単位程度しか介護サービスを利用していないのですから、これを財政の効率運用の視点から見ると、現在の介護付有料老人ホームでは受けた介護サービス量ではなく、軽度要介護高齢者の「将来の安心料」のために、多くの介護報酬が使われているということになります。

ただし、第1章で述べたように、軽度要介護高齢者が多い介護付有料老人ホームの経営が安定しているわけではありません。さらに、要介護1・要介護2で入居した高齢者も加齢や疾病によって、要介護度は必ず重度化します。重度要介護状態の高齢者が多くなれば、基準配置程度の介護スタッフ数では、対応できなくなるため、将来のトラブルの種を抱えることになります。

現在の一般型特定施設の介護報酬は、財政の効率運用を阻害しているだけでなく、重度化に対応できない介護システムが多くなる原因にもなっているのです。

❸重度要介護高齢者対応へのシフト

この一般型特定施設の最大の特徴は、二四時間三六五日介護スタッフが常駐しており、「臨時・すき間ケア対応」「生活・ケアの連続性」にも対応できることにあります。私は、一般型特定施設の役割は「重度要介護高齢者対応」にあり、その介護システム構築に沿った報酬設計にすべきだと考えています。

その一つは重度要介護と軽度要介護の「報酬単価のアンバランスの修正（リバランス）」です。

私は、現在のような「介護スタッフ配置」に対する報酬ではなく、「必要なサービス量」を重視した報酬体系へと変化させ、軽度要介護高齢者への報酬を減らし、重度要介護高齢者への配分を強化するというのが一つの方法です。同時に指定基準のスタッフ配置は【3：1配置】から【2.5：1配置】程度に上げるべきです。

現在の介護報酬だけでは、重度要介護高齢者が増えた場合、最低限のサービス提供すらむずかしくなりますから、介護付有料老人ホームの多くは、重度要介護高齢者に対応するために、スタッフ配置を【２：１配置】【1.5：１配置】と上乗せして対応しています。ただ、それだけ上乗せ介護費用が必要になりますから、必要な費用は月額二五万円～三〇万円と高額なものとなります。現在の一般型特定施設の介護報酬で、重度要介護高齢者が増加しても対応できる安定的な介護システムを構築するには、月額費用が高額なものにならざるをえないというのが現実です。

選択の幅を増やすために、それぞれが独自の介護システムを構築することは必要ですが、入居者の多くが要介護４・要介護５と重度になった場合でも、基本的な介護サービスが提供できるだけの介護システムは介護保険で担保されなければなりません。

重度にシフトさせるリバランスを行うことにより、一般型特定施設の指定を受けた介護付有料老人ホームの入居者は、重度要介護高齢者が中心となり、現在の非効率な財政運用の問題点は改善されます。また、はじめから重度要介護高齢者を対象とした介護システムを構築することができれば、スタッフの過重労働を避けることができ、介護システムは安定します。それは、安定した介護システムをもつ低所得者～中間層を対象とした介護付有料老人ホームの増加につながります。

もう一つは「医療看護ニーズ対応の強化」です。高血圧・糖尿病などの生活習慣病・慢性疾患を抱えている高齢者は多く、身体機能が低下しているため、転倒・骨折や脳梗塞・心疾患などで体調が急変し、緊急入院となる可能性は高くなります。医療・看護サービスの強化は、高齢者住宅の一つの機能として重要なものです。

　また、社会保障財政の面からも、施設サービスの役割再編は必要だと考えています。同程度のレベルの入所者が特養ホーム、老健施設、療養病床と機能の違う施設に入所しているということは、保険財政運営という側面からみると非常に非効率です。この「脱社会的入院」「脱施設」という流れを促進するためにも、在宅看護・在宅医療の強化、高齢者住宅の医療・看護機能の強化は必要です。

　現在でも、夜間看護体制加算（一日一〇単位）、医療機関連携加算（一月八〇単位）などが医療・看護体制の強化に関する加算として認められていますが、これらの加算はほとんどの特定施設が指定を受けることができるもので、書類が整備されていれば受けられる加算だと言ってもよいでしょう。無駄だとは言いませんが、この加算によって「医療看護機能が強化するか」と言えば、それだけの効力はありません。

　現在、胃ろう、気管切開などの医療依存度の高い高齢者の行き場がないということが大きな問題となっていますし、また、病院からは早期退院を求められても、これら医療ケアが必要な場合、高齢者住宅からは再受け入れを断られるという問題も発生しています。これからの高齢社会には「医療・看護体制重視の高齢者住宅」という選択肢も不可欠ですから、これをサポートするような、「二四時間看護師常駐」「常勤看護師何人以上」といった基準を設け、一定の医療依存度の高い高齢者に対応できるような報酬設計も必要だと考えています。二四時間対応してくれる「在宅療養支援診療所」との連携も、もっと積極的に推進すべきでしょう。そのような老人ホームが増えてくれれば、療養病床の削減も可能になるはずです。

２　区分支給限度額方式（出来高算定方式）

❶財政悪化の筋道

現在の高齢者住宅で生活している高齢者に適用されるもう一つの介護報酬は、「区分支給限度額」です。この区分支給限度額方式は、介護看護サービスを当該高齢者住宅のサービスとして行うのではなく、自宅で生活するのと同じように、外部の在宅介護サービス事業者から訪問介護や通所介護を受けるというものです。要介護度別に設定された「区分支給限度額」を上限に、利用した訪問サービス、通所サービスがサービス種類ごと、利用回数ごとに出来高で算定される方式です。特定施設の総量規制によって、介護付有料老人ホームの新規開設がむずかしくなったことから、この方式の住宅型有料老人ホームや高専賃が急増しています。

当初は、「介護付がダメなので、仕方なく住宅型へ」という消極的な意見も多かったのですが、最近開設されるものは、同一法人で運営する訪問介護や通所介護を併設して、二四時間待機のオンコール体制で重度要介護高齢者にも対応できるグループ一体型のものが増えています。グループ全体で見た場合、それが最も利益が高くなるからです。

述べたように、現在の区分支給限度額の平均利用率は四〇％～六〇％程度ですが、これは自宅で

図表19　独居高齢者の場合の区分支給限度額の利用割合と特定施設単価の比較

	区分支給限度額方式（独居高齢者について）			一般型特定施設（介護付有料老人ホームなど）
	区分支給限度額（単位）(A)	想定平均利用率（%）(B)	想定平均給付額（単位）(A×B)	日額包括算定方式による月額（単位）
要支援1	4970	50	**2485**	**6090**
要支援2	10400	70	**7280**	**14070**
要介護1	16580	80	**13264**	**17130**
要介護2	19480	90	**17532**	**19230**
要介護3	26750	100	**26750**	**21330**
要介護4	30600	100	**30600**	**23400**
要介護5	35830	100	**35830**	**25530**

家族と生活している高齢者も含まれています。ですから独居高齢者に限定すれば利用割合は高くなります。データが示されていませんが、経験則として述べると、要支援・要介護1といった軽度要介護高齢者はそれほど大きな変化はないと思いますが、要介護3・要介護4・要介護5の重度要介護高齢者の利用割合は高くなります（図表19）。加えて、特にこのようなグループ一体型の住宅型有料老人ホーム・高専賃の場合、介護サービスを多く利用してもらい、その分の介護報酬を確保したいというインセンティブが強く働くため、区分支給限度額一〇〇%まで利用することになるでしょう。

この区分支給限度額方式は、自宅で生活する高齢者を対象としたものですから、一軒ずつサービスを行うという非効率性を加味して限度額は高く設定されています。介護付有料老人ホーム（一般型特定施設）と比較すると、受け取ることができる介護報酬の差は、要介護4で七二〇〇単位（一人月額）、要介護5で一万三〇〇単位、金額に直すと一〇万三〇〇〇円が多く介護報酬から支払われることになります。

現在でも住宅型有料老人ホームの定員数は三万人を超え、高専賃の登録戸数も四万件を超えています。つまり、住宅型有料老人ホームなどで生活する重度要介護高齢者が増えると、介護付有料老人ホームの報酬を上回り、逆に数百億円単位での介護保険財政悪化の要因となるのです。

❷介護システムの課題

介護サービスをできるだけ多く利用させる「グループ一体型」でなければ、問題はないのではないかという意見もあるのですが、高齢者住宅の介護システムとしてみた場合、この区分支給限度額方式には、いくつかの課題があります。

一つは、「介護サービス」の提供責任が明確ではないということです。

高齢者住宅は、たんなる住居スペースの提供ではなく、食事や介護、看護などの生活サポートサービスが一体的に行われている複合サービスです。特に、高齢者住宅への入居にあたっては「自宅で十分な介護が受けられないため」「介護が必要になった時の不安解消」といった「介護サービス」へのニーズが高いというのがその特徴です。

本来、高齢者住宅の責任で一体的に介護サービスが提供されることが望ましいのですが、この区分支給限度額方式では、介護サービスは、基本的に入居者と外部の訪問介護などの介護サービス事業者との直接契約となるため、当該高齢者住宅の責任で介護サービスが提供されるわけではありません。近隣の訪問介護サービスが突然倒産したり、ホームヘルパーが確保できなければ安定した介護サービスを提供できなくなります。また、質の悪いホームヘルパーがいても、高齢者住宅が直接契約しているわけではありませんから連携が取れません。

住宅型有料老人ホームでは、「介護が必要となれば介護保険が利用できます」と言ったセールストークを聞きますが、生活の根幹となる「介護サービス」を手の届かない外部に依存しているという非常に不安定な介護システムなのです。

二つ目の問題は、「臨時のケア」「すき間のケア」に対応できないということです。

この区分支給限度額方式は、月単位でケアプラン（介護計画）が策定され、それに沿って、計画的に介護サービスが提供されます。身の回りの生活がある程度自立している軽度要介護高齢者は、「通院介助」「入浴介助」といった計画的なポイント介助で対応が可能です。

しかし、重度要介護状態になると、身の回りのことが自分でできなくなりますから、「少しベッドを上げてほしい」「テレビをつけてほしい」といったごく短時間で介護保険の対象にならない「すき間のケア」や、「汗をかいたので服を着替えたい」「お腹の調子が悪いのでオムツを替えてほしい」といった「臨時のケア」が多くなります。この「臨時のケア」「すき間のケア」には、ケアプランによる予約制のポイント介助だけでは対応できないのです。

この二つの問題は関係しています。重度要介護状態となると、自分から体の変調を訴えることがむずかしくなりますから、「便の色が悪い」「体に発疹がでている」など、スタッフ自らが気づいて対応する必要があります。しかし、担当者がつぎつぎと変わるポイント介助では、生活の連続性・ケアの連続性という視点に乏しく、事故や病気のサインを見逃すことになります。

また、オンコール体制で、臨時のケア、すき間のケアに対応することができても、その回数で費用が算定されることになると、月によって請求額が大きく違い、入居者が請求書を見て驚いたということになりかねません。ポイント介助の区分支給限度額方式は、重度要介護高齢者には不向きな報酬体系なのです。

❸将来的には廃止へ

現在、多くの都道府県では、特定施設入居者生活介護の新規指定の抑制をしており、逆に住宅型有料老人ホームは増え続けています。また高専賃は届け出や事前協議の必要すらないため、全く行政の管理が届かず、無軌道に増えていきます。これは方向性としては完全にまちがっています。高齢者住宅の介護提供責任をあいまいにするだけでなく、介護保険財政の悪化にもつながることから、将来的に大きなトラブルとなる可能性が高いのです。

加えて、先にも触れたように「外部サービス利用型特定施設」の創設によって、全く同じサービスを提供しても、「区分支給限度額方式」を採るか「外部サービス利用型特定施設」の指定を受けるかによって、グループ全体で受け取る報酬が全く違ってくるという、制度の根幹にかかわる問題となっています。

私は、この「責任の明確化」「財政の効率化」という視点から、区分支給限度額は有料老人ホームや高専賃などの高齢者住宅への適用は抑制し、将来的には適用させないという方向性で検討すべきだと考えています。同時に、現在の区分支給限度額方式を採用している住宅型有料老人ホームや高専賃、無届施設などについても、一定の猶予期間（三年〜五年程度）を設定し、それまでに特定施設への変更を求めるべきでしょう。

3　外部サービス利用型特定施設

❶包括算定と出来高算定の混合方式

高齢者住宅に適用されるもう一つの介護報酬は、「外部サービス利用型」（外部サービス利用型特定施設入居者生活介護）です。この外部サービス利用型は、高齢者住宅専用の介護報酬として二〇〇六年の介護報酬改定で新しく設定されたものです。この外部サービス利用型の介護報酬は、入居日数で算定される基本部分と、入居者の要介護度別に出来高で算定される限度額部分に分かれています。

基本部分は、「介護サービス計画の策定」「安否確認」「生活相談」などのサービス報酬で、この指定を受けた高齢者住宅事業者が、指定基準以上のスタッフ（生活相談員・ケアマネジャー・介護スタッフ）などを配置し、これらの基本サービスを提供します（図表20）。

図表20　外部サービス利用型特定施設入居者生活介護のスタッフ配置基準

スタッフ	配置基準
管理者	1名
生活相談員	利用者100名に対して1名以上
介護支援専門員	利用者100名に対して1名以上
介護職員	要介護利用者10名に対して1名以上 要支援利用者30名に対して1名以上

入居者個別の状態・ニーズにもとづいて行われる「食事介助」「排泄介助」「外出介助」などの個別サービスについては、外部の訪問介護・訪問看護・通所介護などの外部サービス事業者から受けることになり、この部分は、利用者ごとの出来高算定となります。ですから、要支援、軽度要介護高齢者で、外部サービスを利用しない場合、この部分の報酬は算定されません。一般型特定施設のような日額包括算定と出来高で算定される区分支給限度額方式が、合わさったような報酬体系だと言えるでしょう。

もう一つの特徴は、訪問介護などの外部介護サービス事業所の利用方法です。外部サービス事業者から介護サービスを受け、設定された限度額内で、出来高算定するというのは区分支給限度額方式と同じですが、その仕組みは基本的に違います。

区分支給限度額方式の場合、訪問介護などの介護サービス事業者とサービス契約を結ぶのは入居者であり、有料老人ホームや高専賃などの事業者は、直接関与していません（図表21）。同一グループ内の訪問介護などでサービス提供される場合でも、高齢者住宅の事業者が介護サービス内容を保証することはできませんし、また、そのグループ内の訪問

図表21　区分支給限度額方式のしくみ

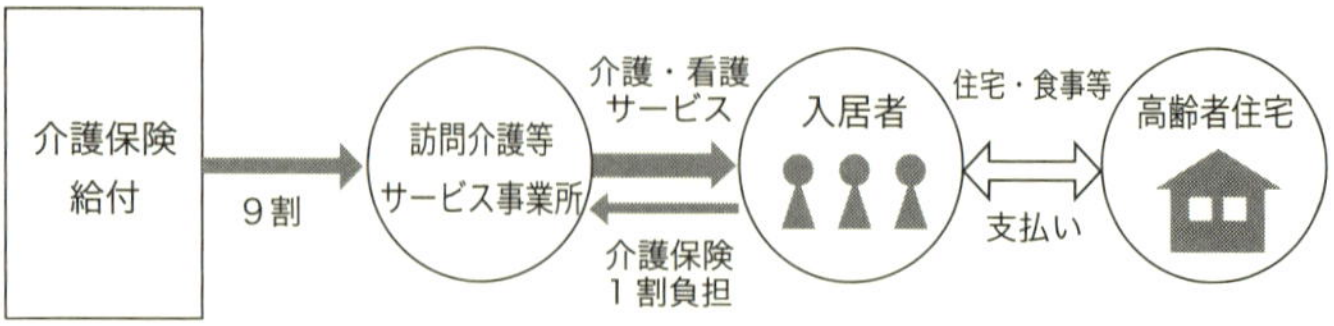

図22　外部サービス利用型方式のしくみ

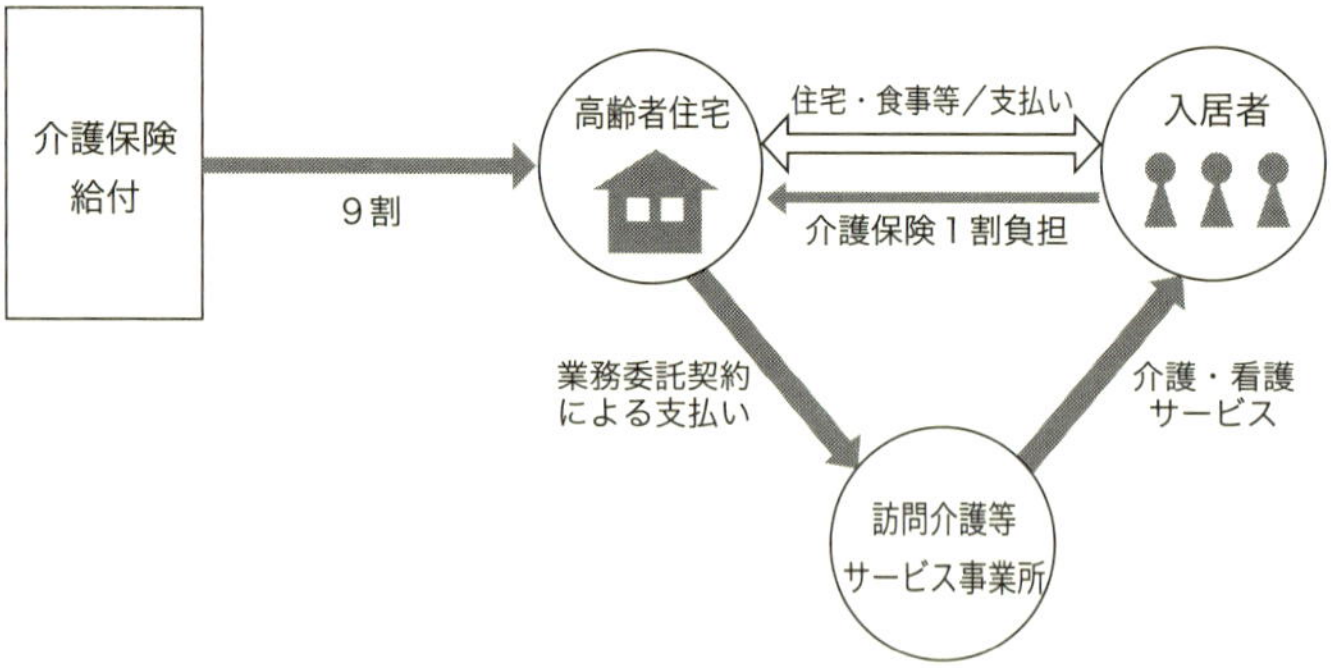

介護サービスを利用するか否かは、個々の入居者の判断です。

これに対して、外部サービス利用型特定施設の場合、高齢者住宅の事業者が訪問介護や通所介護のサービス事業者と業務委託契約を締結します（図表22）。その高齢者住宅＝特定施設のケアマネジャーがケアプランを策定し、特定施設の指定した訪問介護や通所介護などの事業者に必要な介護サービスを委託するという形をとっています。ですから、入居者は、入っている高齢者住宅の事業者が契約している訪問介護・訪問看護などのサービスを利用するということが前提です。また、行われた介護サービスに対する介護報酬の請求や一割負担の請求も、「外部サービス利用型」の指定を受けた高齢者住宅事業者（特定施設）が行います。

それは、介護サービスの提供責任が、外部の介護サービス事業者ではなく、指定を受けた高齢者住宅事業者にあるということが明確にされているということです。「訪問介護のヘルパーが食事時間に遅れ食事介助できない」「入浴介助中に転倒した」などのサービス提供上のトラブルについて、住宅型有料老人ホームなどの区分支給限度額方式の場合は、訪問介護サービス事業者の責任ですが、外部サービス利用型の場合は、入居者に対しては、高齢者住宅事業者が責任を負うことになります。これは、責任の明確化、サービスの安定という側面から、非常に重要なことです。

「高齢者住宅の責任で介護サービスを提供する」ということから、この外部サービス利用型は特定施設の一つであり、この指定を受けた場合、「介護付」と名称につけることが認められているのです。

図表23　各タイプの高齢者住宅に適用される介護報酬の比較

（単位）

	包括算定	出来高算定			
	一般型特定施設（介護付ホーム）	区分支給限度額（住宅型ホーム）	外部サービス利用型特定施設（外部サービス利用型ホーム）		
	月額報酬（30日計算）	月額限度額	月額限度額	うち出来高部分	うち基本部分
要支援1	6090	4970	4970	3170	1800
要支援2	14070	10400	10400	8600	1800
要介護1	17130	16580	17358	14748	2610
要介護2	19230	19480	19486	16876	2610
要介護3	21330	26750	21614	19004	2610
要介護4	23400	30600	23712	21102	2610
要介護5	25530	35830	25870	23260	2610

❷介護システムの課題

この外部サービス利用型は、介護保険財政から見れば、軽度要介護高齢者の増加で財政支出がふくらむ一般型特定施設と、重度要介護高齢者の増加で財政支出がふくらむ区分支給限度額方式の両方の弱点を補う報酬体系となっています。

現在の一般型特定施設の介護報酬と比較した場合、外部サービス利用型での要介護1・要介護2といった軽度要介護高齢者は、必ずしも個別の出来高部分を限度額まで利用しないことから、全体として介護報酬を抑制することができます。逆に、重度要介護高齢者は上限まで利用しても、限度額は一般型特定施設と同程度に設定されているため、区分支給限度額方式と比較すると、介護報酬の支払いを抑制することができます（図表23）。

区分支給限度額方式の訪問介護は、一回あたり三〇分単位の報酬設計となっていますが、外部サービス利用型では、集合住宅の特性を考慮して、一五分未満の短い介護報酬が設定されており、食事の一部介助、排泄介助などの一〇分程度の介助を連続的に行うことを前提に報酬設計されています。

また、「介護サービス責任の明確化」「基本サービスと個別サービスの複合」など、適用方法としてはこれまでの問題点が整理されており、施設モデルでもなく自宅モデルでもなく、多様化する高齢者住宅専用の介護報酬として、よく考えられた報酬体系だと言えます。現在でも養護老人ホームがその入所者に対して行う介護サービスは、この外部サービス利用型に限定されており、将来的には、高齢者住宅に適用される介護報酬は、この外部サービス利用型に集約していくという強い意図を感じます。

しかし、現在の外部サービス利用型特定施設の介護報酬は「介護保険支出の抑制」には役立つと思いますが、「高齢者住宅の健全な育成」を含めて考えた場合には、三つの問題があります。

①介護報酬が低すぎる（利益が分散される）
②「軽度に厚く、重度に薄い」限度額設定
③「システム構築」のツールとして使いにくい

一つは、介護報酬単価が低すぎるということです。

外部サービス利用型は、個別のサービス量に合わせた出来高の介護報酬設計であることから、実際に必要なサービス量を基礎とした限度額設定とすべきなのですが、実際の設定は「基準スタッフ配置」を基礎とした一般型特定施設に準拠した限度額設定となっています。

この外部サービス利用型の限度額（基本部分＋個別サービス部分）は、現在の一般型特定施設入居者生活介護の報酬に、二二八単位（要介護1）〜三四〇単位（要介護5）など、若干の単価を上乗せしたものとなっています。一般型特定施設にのみ算定可能な様々な加算を加味したものですから、実際の単価は一般型特定施設と同程度、またはそれ以下ということになるでしょう。

しかし、この外部サービス利用型は、出来高部分の介護サービスを「外部委託する」という報酬体系ですから、住宅事業者と外部の在宅サービス事業者（訪問介護など）の間で、利益が分散されることになります。人件費の上昇によって、現在の介護付有料老人ホーム（一般型）でも経営が厳しくなっていることを考えると、この報酬単価では、母体の違う事業者が協調して介護システムを組むことはむずかしいでしょう。

二つ目の問題は、一般型特定施設と同様に「軽度に厚く、重度に薄い」報酬となっているということです。この限度額設定では、多くの介護が本当に必要となる重度要介護高齢者に最低限の介護サービス提供すらできません。一般型特定施設とは違い、個別のサービスは出来高で算定されるため、重度要介護高齢者は、最低限の介護サービスを受けるだけでも、高額の自費が必要になるということになってしまいます。

もう一つの問題は、利用方法が明確に示されていないために、独自の介護システムを組むにも非常に利用しにくいということです。区分支給限度額方式の問題点の中でも述べたように、事前のケアプランによるポイント介助だけでは、「臨時のケア」に対応できません（すき間ケアは包括部分で対応）。また、訪問介護サービス事業者から見ても、この外部サービス利用型の指定を受けた高齢者住宅へのサービス提供は、一般の自宅と比較して介護報酬の単価が低くなるのですから、「外部サービス利用型の高齢者住宅とは契約しない」と敬遠するところもでてくるでしょう。

つまり、現在の外部サービス利用型は、事業者から見ると「報酬単価」としても「使い勝手」としても魅力がないというだけでなく、使えない代物なのです。

❸「使えない」から「使える」外部サービス利用型へ

私は、現在の「一般型特定施設」「区分支給限度額方式」ではなく、この外部サービス利用型が高齢者住宅に適用される高齢者住宅の中心になっていくと考えています。同時に、現在の一般型特定施設は「重度要介護高齢者専用」、区分支給限度額方式は「適用の制限」という方向に向かうだろうと述べました。

それは、この外部サービス利用型が、これから開設される高齢者住宅だけでなく、現在運営中の軽度要介護高齢者の多い介護付有料老人ホーム（一般型）や住宅型有料老人ホーム、高専賃（区分支給限度額方式）の受け皿になるということです。これからの高齢者住宅事業の再生・再編を探る上でも、この外部サービス利用型の報酬設定は非常に重要なのです。

ただし、介護保険財政・行財政の悪化を考えると介護報酬を高く設定することはむずかしいですし、逆に低すぎれば事業者が育たず、高額な自己負担を支払える富裕層しか民間の高齢者住宅に入居できなくなります。特に、この報酬設計においては、集合住宅のメリットを活かす「財政の効率的運用」、介護システムを構築するために使いやすい「ツールの役割」の二つの視点が重要になります。

これらの視点を踏まえて、外部サービス利用型特定施設の介護報酬を検討する場合、二つの方向性が見えてきます。一つは限度額設定の見直しです。

外部サービス利用型の月額限度額の見直しをイメージしたものが図表24です。生活上、必要不可欠な介護サービス量という点から考えると、一般型特定施設と同じく、軽度要介護と重度要介護のリバランスを行い、重度要介護高齢者の限度額を引き上げる必要があります。ただし、集合住宅の介護の効率性を考えると、区分支給限度額よりは低くなります。また、個別ケアは、軽度要介護も出来高算定になりますので、一般型特定施設の月額報酬（変更後）よりは若干高い限度額設定とすべきです。

もう一つは、「ツール」としての使いやすさです。この外部サービス利用型の介護報酬は、一般型特定施設とは違い、その指定基準が最低限の介護システムを示すというものではありません。この外部サービス利用型という介護報酬を使って、それぞれの高齢者住宅事業者が独自に介護システムを構築していく必要があります。そのためには、この介護報酬が、介護システムを構築するため

図表24　介護報酬見直しの方向

①　外部サービス利用型の月額報酬限度額の見直しの方向

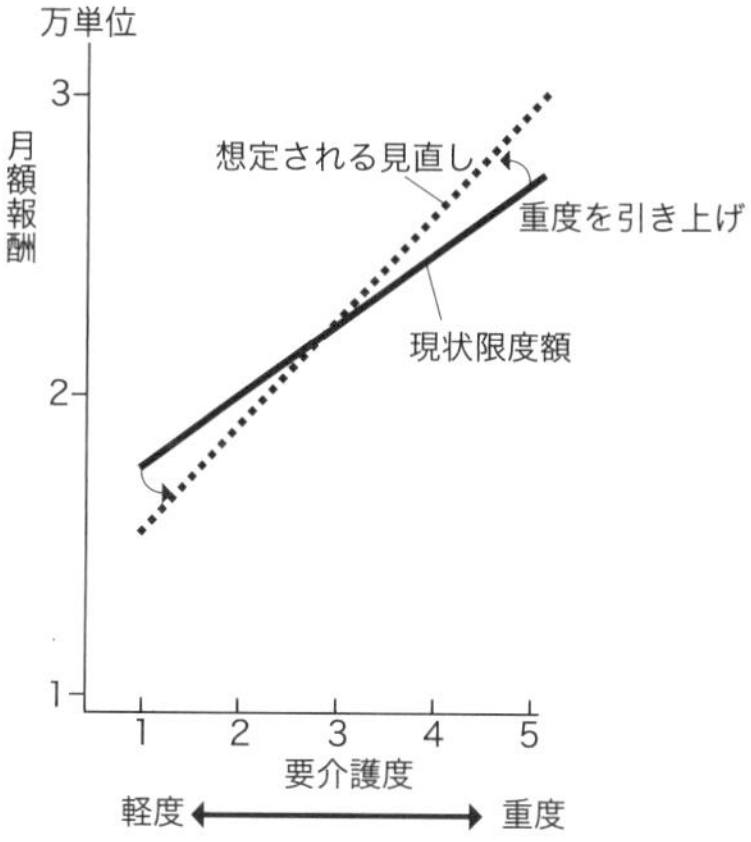

②　見直し後の各方式の介護報酬の関係

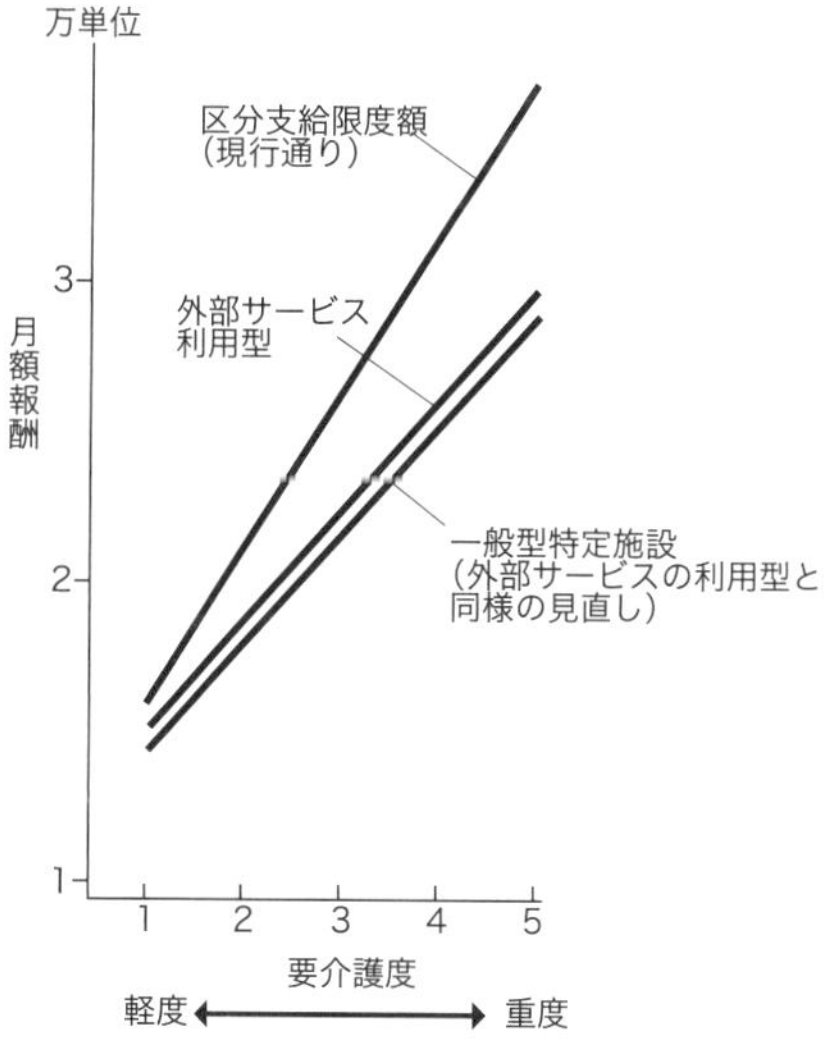

の「ツール」として使いやすいものでなければなりません。私は、介護報酬だけでなく、使いやすいように介護システム構築の一定の基準を示すべきだと思っています。

外部サービス利用型運用の三つのポイントを挙げておきます。

①介護職員（基本スタッフ）の個別介護サービスの提供
②レクリエーション・食事介助などの集団ケアの基準
③住居内ケアを行うための訪問介護・訪問看護の設置基準の緩和

一つは、介護職員（基本スタッフ）の役割です。

この外部サービス利用型は、当該指定を受けた高齢者住宅に雇用される介護職員（基本スタッフ）の配置が義務付けられています（要介護高齢者一〇人に対して一人）。その役割は、緊急対応、すき間のケアなどの基本サービスを提供するというものであり、その報酬は基本サービス部分として算定されています（一日当たり、要支援六〇単位、要介護八七単位）。彼らは、入浴介助・排泄介助などの介護サービスを提供しても、訪問介護としての報酬算定はできません。

しかし、このようにスタッフの役割を完全に分けてしまうと、夜勤スタッフや緊急対応などにおいて、非常に運用しにくくなります。入居者からみれば、同じ介護スタッフでも「私はできません」「ホームヘルパーが来るまであと一時間待って下さい」ということになるからです。特に、入居者が三〇人程度の小規模の高齢者住宅では、介護システムが組めません。弾力的にシステム設計ができるように、一定の基準を検討すべきです。

二点目は、レクリエーション・食事介助などの複数の利用者を相手とする集団ケアの基準です。区分支給限度額方式の場合「三〇分の訪問介護を算定する場合は、およそ二〇分以上のケアを行う」という指導がされています。同様に外部サービス利用型の場合は、「一五分の訪問介護は、およそ一〇分以上」とされています。これは、食事介助や通院などの場合に利用される一つの基準です。

このような基準を定めなければならない理由は、一部の高齢者住宅で「三〇分未満だから五分でもよいだろう」と、一人のホームヘルパーで一時間の間に一〇人もの利用者から訪問介護（三〇分）を算定するといったケースが発生したからです。逆に、このような集団ケアを全く認めないということになれば、「一〇人の食事介助に一〇人の介護スタッフ」「三人の入居者の通院介助に三人のスタッフ」が必要だということになります。

しかし、「一〇分あればＯＫ」ということになれば、いわゆる「書類上のケア」になりがちですし、その時々によって時間は変わってきます。監査で「一〇分か一五分か」という不毛な議論をしても仕方ありませんし、時間を合わせて報酬を得るために不要な介護報酬が算定されるということにもなってしまいます。

「一般型特定施設」「施設サービス」などの包括的な日額算定方式では集団ケアについては全く問

題にならないのですが、出来高算定の場合、この集団ケアをどのように算定するのかが大きな課題です。「効率性」と「不正防止」のせめぎ合いと言ってもよいでしょう。

私は、この外部サービス利用型の高齢者住宅で訪問介護を算定する場合、特殊なケースを除いて、時間制ではなく、サービス内容と回数で算定することも検討すべきだと考えています。ケアプランのアセスメントを見れば、その人がどのような状態で、どのような介護が必要なのかはわかりますし、実際にその介護スタッフ数で対応できるのかもわかります。

食事介助については「全介助」と「一部介助」によって単価を分けることは可能ですし、個別の排泄介助などについても同様に算定できるでしょう。書類上の辻褄合せではなく、使いやすく、わかりやすくするということが必要です。

もう一つは、外部サービス利用型で契約する「外部介護サービス事業」の設置基準の緩和です。この外部サービス利用型の指定を受けるためには、出来高の個別サービスを提供する訪問介護、訪問看護、通所介護などの外部の介護サービス事業所との契約が必要になります。この中で、当然中心となるサービスは、高齢者住宅内で受ける「訪問介護」と「訪問看護」です。

この外部サービス利用型の指定は、これらのサービスを同一グループ内で提供している「グループ一体型」をイメージしたものです。実際の介護システムを考えると、利益が分散されてしまうために、同一グループでない外部の訪問介護・訪問看護と契約することはむずかしくなります。また、経営が分離している場合、途中で訪問介護や訪問看護の事業者が倒産したり事業閉鎖すると、サービスが続けられなくなるという、非常に不安定な介護システムとなります。

この介護報酬のポイントは、外部の介護サービス事業者を使うことではなく、包括算定の「基本サービス」と出来高算定の「個別サービス」を分けたことにあります。この外部サービス利用型特定施設の指定を受ける高齢者住宅事業者に対しては、訪問介護・訪問看護の設置基準を緩和し、その高齢者住宅専用の訪問事業者として指定できれば、区分支給限度額方式や一般型特定施設からの移行も進むでしょう。

４　特別養護老人ホーム（介護老人福祉施設）

もう一つは、福祉施設である特別養護老人ホームです。私は、高齢者住宅の介護報酬の見直しと同時に、福祉施設である特別養護老人ホームのあり方の見直しが不可欠だと考えています。

❶財政悪化の筋道

加齢による身体機能の低下だけでなく、突然の疾病や怪我によって要介護状態となり「自宅で生活できず行き場所がない」という高齢者は増えつづけています。現在の特養ホームの待機者は、四二万人と言われており、団塊の世代の後期高齢化・核家族化の進展によって、待機者は五〇万人、六〇万人と右肩上がりで増えていくことはまちがいありません。

多くの市町村・都道府県で、「特養ホームを増設してほしい」という声はよく聞きますし、厚労省も特養ホームなどを一六万床増やすという方針を示しています。特養ホームが足りないということは事実ですから、各都道府県・市町村単位で必要数を検討しなければなりません。しかし、その一方で、現在の制度では、特養ホームが増えれば増えるほど社会保障財政が悪化していくのです。

特養ホームと介護付有料老人ホームを比較し、その運営に投入されている公費・社会保障費の違いを図にすると図表25のようになります。違いを見るポイントは三つあります。

一つは介護サービスに支払われる介護報酬の違いです。特養ホームに適用される「介護老人福祉施設」と、介護付有料老人ホームに適用される「一般型特定施設入居者生活介護」の介護・看護サービスのスタッフ配置は同じですが、介護報酬の単価は違います（図表26）。

介護老人福祉施設の報酬単価には、介護サービスに対する報酬だけでなく、事務費・管理費が含まれています。一人一ヵ月あたり三万円程度の差になりますから、五〇名の入所者がいれば月額一五〇万円の差となります。

この差をさらに広げているのが加算体制の違いです。一般型特定施設の介護報酬の加算は、「個別機能訓練加算」「夜間看護体制加算」「医療機関連携加算」の三種類ですが、介護老人福祉施設には「初期加算」「看取り加算」など一五種類以上の様々な加算が行われています。この中には「個別のサービスに対する加算」だけでなく、「外泊時・入院時費用」といった施設の収入保証といった意味合いの加算もあります。特養ホームには純粋な介護・看護サービスだけでなく、福祉施設と

図表25　特養ホームと有料老人ホームに投入される公費・社会保障費のちがい

特養ホーム

利用サービス		費用負担
食費	利用者負担分	利用者
	低所得者対策	**介護保険**
	栄養管理加算	**介護保険**
事務管理		**介護保険**
介護		**介護保険**
居住費	低所得者対策	**介護保険**
	利用者負担分	利用者
	建設補助金	**公費**

介護付有料老人ホーム

利用サービス	費用負担
食費	利用者
事務管理	利用者
介護	**介護保険**
居住費（家賃・利用料）	利用者

図表26　特養ホームと有料老人ホームの介護報酬単価のちがい（1ヵ月＝30日）

（単位）

	特養ホーム（介護老人施設・ユニット型）（A）	介護付有料老人ホーム（一般型特定施設）（B）	差（A－B）
要介護1	20700	17130	2940
要介護2	22200	19230	2970
要介護3	24300	21330	2970
要介護4	26430	23400	3030
要介護5	28230	25530	2700

図表27　特養ホームにおける低所得者への減額措置

（1日当たり円）

		低所得者の負担限度額			基準負担額
		第1段階	第2段階	第3段階	
居住費	ユニット型	820	820	1640	1970
	相部屋	0	320	320	320
食費		300	390	650	1380

第1段階――生活保護受給者、老齢福祉年金受給者で世帯全員が市民税非課税
第2段階――世帯全員が市民税非課税で、かつ本人の課税年金収入＋合計所得金額が 80 万円以下
第3段階――世帯全員が市民税非課税で、かつ本人の課税年金収入＋合計所得金額が 80 万円以上

いう「施設の特性」というものを鑑み、高い介護報酬が設定されているということがわかります。

二点目は、介護保険制度の中で福祉施設独自の低所得者対策が行われているということです。特養ホームの居住費（施設利用料・光熱水費）や食費は、全額自己負担ということになっていますが、低所得者に配慮して、減額措置が取られています（図表27）。

たとえば、第三段階の高齢者でユニット型個室に入居している場合、居住費分三三〇円（一九七〇円－一六四〇円）と食費分七三〇円（一三八〇円－六五〇円）を合せて一日当たり一〇六〇円、月額三一八〇〇円が減額され、これが介護保険から支出されています。在宅で生活する高齢者や介護付有料老人ホームに入居する高齢者には、このような低所得者を対象とした負担軽減策はありません。これも福祉施設としての特性だと言えるでしょう。

三点目は、公的補助、つまり税金による補填です。特養ホームは営利目的の事業ではなく、公的な社会福祉事業です。その

建設にあたって補助金が支給されます。この建設補助金は、都道府県・市町村によって、また整備される年度によって変わってきますが、定員一名（一床）あたり、三〇〇万円から四〇〇万円が支出されています。

この補助金は、創設時だけでなく、改築・改修などにも支出されています。また、建設にかかわる借り入れについても、独立行政法人福祉医療機構から、低利・固定金利での融資を受けることができます。建設費、設備費、利払いが抑えられるということは、それだけ居住費を抑えられるということでもあります。また、法人税、事業税、固定資産税は非課税です。

このように自宅で暮らす高齢者、介護付有料老人ホームで生活する高齢者と比較すると、福祉施設である特養ホームの入所者は、公費・社会保障費から二重・三重の手厚い保護を受けているということがわかります。

❷運のよい人だけの特養ホーム

これらの手厚い保護は、「福祉施設」という施設特性の上に成り立つものです。しかし、本当に現在の特養ホームは、その役割を十分に果たしているのかと言えば、疑問を感じざるをえません。

そもそも、福祉施策というものは、民間のサービスや社会保険では対応できない、一部の社会的弱者に対する施策として行われるものです。老人福祉法の目的、特養ホームの主目的は「社会的弱者の救済」「セーフティネット」にあり、その中で行われる介護サービスは目的としては副次的なものでしかありません。しかし、社会ニーズの変化によって、「社会的弱者の救済」という側面はおざなりにされ、介護保険制度以降は、「介護サービス」の側面だけが大きく膨らんできました。

新しく開設されている新型特養ホームは、全室個室、ユニットケアが中心となっていますが、この個室の新型特養ホームは、実質的に生活保護受給者などの低所得者は対象外となっています。これはケアハウスも同様です。つまり、税金を使って建設される福祉施設でありながら、社会的弱者である低所得者は、入所できる特養ホームが限定されるということです。

現在一部の都道府県を除き、相部屋の特養ホームの新設は認められていませんから、これから増床される特養ホームは、一定のお金を持った人のためだけに作られているということになります。「近くに新しい特養ホームができたけれどお金がないから入れない」というのが、ありふれた現実です。これでは福祉施設の根本的な役割を放棄していると言わざるをえません。

また、第1章で述べたように、介護保険制度以前の措置施設とは違い、入所者と特養ホームとの個別契約となっているため、公的な福祉施策として高額の社会保障費・税金を投入しながら、「公的な福祉が必要な人は誰か」という対象者選定にすら、行政は関与していません。そのため「個室の新型特養ホームでなければ入らない」「新しい施設が空くまで待っています」という人も増えていますし、「特養ホームの入所待ちに有料老人ホームを使う」という人もでてきています。

今や、特養ホームは憲法に示された「民間のサービスでは対応できない社会的弱者のための施設」「社会的弱者が最低限の生活を維持するための施設」ではなく、公的な税金や社会保障をふんだんに使ってつくられた、低価格で高いサービスが受けられる「憧れのケア付住宅」となっているのです。これは、財政の効率的運用という視点からも大きな問題です。

現在開設されている新型特養ホームは、全室個室で設備も非常に充実していますが、開設や運営に介護保険・税金が投入されているため、非常に安い値段で利用することができます。食事や介護保険一割負担などすべてを含め、月額費用は最高でも一三万円程度、入居一時金も必要ありません。おそらく、同じ仕様・サービスのものを介護付有料老人ホームで整備しようとすれば、少なくとも数百万円の一時金が必要となり、月額費用は新型特養ホームの倍にはなるでしょう。実際、現在の低価格の介護付有料老人ホームの建物・設備は、新型特養ホームの仕様の足元にも及びません。

入所者負担の問題もあります。特別養護老人ホームの月額利用料は、複数人部屋の旧型特養ホームで六～七万円、新型特養ホームは一三万円程度ですが、これは上限であって、減額規定がありますから、述べたように収入が低い人は減額されます。

この減額方法は、生活保護法によるものとは違います。生活保護は、一定の資産がある場合、適用されませんが、老人福祉法の減額算定の基礎となるのは前年度の収入だけです。高齢者は不動産資産や金融資産は多くても、収入は年金程度と少なくなりますから、数千万円の資産を持っていても、利用料が減額されている人は少なくありません。

私は、「福祉施設のくせに新型特養ホームはぜいたくだ」「保護が手厚すぎる」と言っているのではありません。社会保障の財源が十分にあり、入所したい高齢者がいつでも利用できるように特養ホームを増やすことができるのであれば、セーフティネットの高さを上げ、利用料を下げるという議論には賛成です。

しかし、限られた財源の中でセーフティネットの高さを上げても、そのネットの幅がせまくなり「入れた一部の人は非常に幸運だが、それ以外の人は我慢する」という現在の施策では、公平性に欠けると言わざるをえません。高さの違うセーフティネットが税金を使って何枚も張られるという状況は、「社会保障費の効率的運用」という側面から見ても、大きな問題があるということは明らかです。

言い換えれば、手厚い社会保障・公的補助で作られた「特養ホーム」という福祉施設のセーフティネットは、穴だらけというだけでなく、民間のサービスがどれほど努力しても届かない、はるか高いところに張られているのです。そして、そのシワ寄せが、待機者を増大させ、「低所得者」「老老介護」「認認介護」など、本当に福祉的サポートが必要な高齢者に届かないという歪みを増大させているのです。

❸特養ホームの抜本見直しを

介護保険制度は「加齢によって生じる要介護状態」に対して、基本的な介護サービスを提供することを目的とした公的な社会保険です。この介護保険制度が発足するまでは、「高齢者介護」は老人福祉法の福祉施策の中で行われていました。そのため、介護保険には、それまで老人福祉施策で行われていた「福祉施策による介護サービス」から「介護保険による介護サービス」へのスムーズな移行が求められました。現在の特養ホームに見られる「老人福祉法」と「介護保険法」の歪みは、移行による激変を避けるための経過途中にあると言えるのかもしれません。

しかし、財政が逼迫する中で、その歪みはできるだけ早急に解消されなければなりません。私は、特養ホームについて、三つの修正が必要だと考えています。

①個室の新型特養ホームだけでなく、多床室も認める
②入所者の選定基準を明確にし、市町村で一本化する
③介護施策と福祉・低所得者施策の役割を分離する

一つは、個室化基準の撤廃です。厚労省は、居住環境の改善を目的に、特養ホームの個室化を積極的に進めています。二〇〇四年には一五％程度だった個室化を、二〇一四年度には七〇％に上げる方針を定めており、現状では、個室でなければ、国の補助は受けられません。つまり「多床室」の特養ホームは新しく開設できず、改築も個室化でなければ補助を受けられません。

しかし、その一方で「個室利用」については、原則として自己負担分を生活保護で対応しなくても入所が可能なケース」と限定しています。これは「生活保護法による扶助」と「老人福祉法による保護」の重複を避けるという意味があります。その結果、生活保護受給者が入所するには、施設側

が減額措置との差額を負担せざるをえないため、結果として利用できないのです。地域の福祉施設として「社会的弱者救済」をめざす特養ホームは、経営できません。

たしかに、老人ホームは「住居」ですから、プライバシーの確保は非常に重要です。「個室がふさわしい」ということは言うまでもありませんが、その影で、最低限の生活を保障するという福祉のサポートが行き届かず、悲惨な生活を余儀なくされている高齢者・家族は多いのです。

特養ホームの施設基準は、「日本のすべての要介護高齢者のセーフティネットをどこに張るか」という基準そのものです。そして、それはたんなる理想論だけでなく、これからの日本の社会保障財政、国家財政も加味して考えなければならないのです。

多床室でも、これまでのカーテンではなく、障子風の仕切りなどで一定のプライバシーを確保できるような方法は、いくつも考えられています。実際、一部の県や政令指定都市では「個室化しか認めない」という基準は撤廃し、「多床室」を認める方向で動いています。バブル期の金満体質を引きずった個室化ありきではなく、その地域性に合わせて、各都道府県・市町村が判断する仕組みに早急に変えなければなりません。

二点目は、入所基準の厳格化および申し込み体制の一本化です。

第5章でも述べましたが、この特養ホームは、「緊急サポートが必要な要介護高齢者」「社会的弱者」の最後の砦です。入所希望者がすべて受け入れられない以上、「誰を優先的にサポートしなければならないか」ということを第一に考えなければなりません。それは「要介護状態」だけでなく

「福祉的な視点」が必要になります。

この「介護」と「福祉」は、混同して使われていることが多いのですが、本来は全く別の概念です。おそらく今後は、「介護虐待」「介護放棄」「一人暮らしの認知症」「老老介護」「認認介護」など、介護サービスだけでは解決できない「老人福祉」の視点が必要なケースがさらに多くなっていくでしょう。自宅で生活している高齢者を在宅サービスでしっかり見守り、福祉的な立場から「生活はむずかしい」と的確に判断した場合、スムーズに施設移行ができるようにその地域全体での福祉ネットワークの質を高めていかなければなりません。

特養ホームが絶対的に足りないという状況はさらに厳しくなるのですから、各施設での申込みではなく、その市町村全体で、それぞれの待機者の緊急度を一体的に把握するという仕組み作りは不可欠です。言い換えれば、「個室しか嫌だ」「新しい施設しか嫌だ」という人は、それだけ余裕があるのですから、後回しでもかまわないのです。

もう一点は、「介護サービス」と「福祉施策・低所得者対策」の分離です。

私は、施設サービスにおいても、在宅サービスと同様に「介護サービスは介護保険法」「福祉施策は老人福祉法」「低所得者対策は生活保護法」と、その目的や役割を明確にして、制度を整理し直すべきだと考えています。これらの機能が重複していることが、社会保障財政の非効率運営の要因であり、同時に老人福祉の減退を招いています。特養ホームは福祉施設として、「社会的弱者対応」「対応困難ケース」「緊急避難」などに限定し、「介護が必要な高齢者の住居の確保」については、介護保険制度、高齢者住宅制度で対応すべきです。

また、運営の費用に関して言えば、特養ホームの入所者に対しても、自宅や介護付有料老人ホームで生活する高齢者と同じレベルで、必要な費用を負担してもらうということが必要です。そして低所得者対策は「生活保護法」に一本化するべきです。支払い余力のある高齢者には負担をしてもらい、そして、その費用で本来の「老人福祉」の充実に力を注ぐべきです。

この問題は、「特別養護老人ホーム」だけでなく、老人福祉を担う社会福祉法人がどうあるべきかという問題にもつながります。

社会福祉法人は、社会的弱者に対する福祉サービスを提供するために設立された法人です。その建設や運営には、多額の補助金が使われており、社会性、公益性が高いため法人税や固定資産税は非課税とされています。

しかし、介護保険制度以降は、「運営から経営へ」という言葉が飛び交い、経営とは株式会社と同じように、利益を上げることだと勘違いしている理事長も増えています。中には中抜けの株式会社を作り、親族を社長に据え、その会社を通じて、法人が運営する福祉施設のすべての物品を購入させるなど、自己の利益のために社会福祉法人を利用したり、非課税をよいことに、入居一時金が数千万といった富裕層を対象とした有料老人ホームを運営する社会福祉法人もでてきています。

また、超高齢社会だからと、社会福祉法人を開設し、高額の補助金を受け特別養護老人ホームを開設したものの、事業ノウハウが乏しいために、トラブルが増加し「運営の引継ぎ先を探している」「社会福祉法人から手を引きたい、買ってほしい」という相談も増えています。老人福祉を担う社会福祉法人は、地域の老人福祉の拠点であり、地域社会の共用財産ともいえるものなのですが、介護保険制度によって、その本来の目的・役割を見失っているのです。

そのため、最近は「特養ホームも民間に開放すべきだ」という意見があります。「社会福祉法人はガバナンスの意識が低い」とも言われます。特養ホームが、たんなる民間の介護サービスと変わらないのであれば、社会福祉法人が行っている訪問介護や通所介護に対しても、一般事業者と同様に課税しなければ、公平な競争を妨げることになります。このような意見が出ることに対して、私は社会福祉、老人福祉に従事している人たちは、大いに反省すべきだと考えています。これは、特養ホームなど、福祉施設を担当している行政担当者も同様です。

しかし、その一方で、すべての社会福祉法人、特別養護老人ホームの運営が安定している訳ではありません。介護付有料老人ホームと比較すると特別養護老人ホームの報酬単価は高く設定されていますが、全室個室の新型特養ホームは、基準の【３：１配置】程度では、基本的なサービス提供すらむずかしいため、独自に一・五倍～二倍程度、介護スタッフを増員し対応しています。

また、老老介護、介護虐待などの問題など、本来の役割である福祉対策的な視点が必要なケースは、粘り強い対応が必要で時間がかかり、方向性や答えを見つけることがむずかしいものばかりです。老老介護と言っても、二つとして同じケースはありませんし、全てが感謝され、良い方向に向かうというものでもありません。また、当然、それが利益や収入に結びつくものではありません。

私は、老人福祉の視点で日夜を問わず、虐待等の対応が困難なケースから目をそらさず、本当に頑張っている特養ホームの人たちをたくさん知っています。「枕元には携帯電話を置いておく」「連絡があればいつでも出かけられるようにしている」という相談員や管理職も少なくありません。

この老人福祉が、民間の営利事業と同じ介護保険制度の中に組み込まれてしまったために、社会福祉法人が本来の社会的弱者の視点で動けば動くほど、運営が厳しくなるという本末転倒の事態になっているのです。どんなにマーケット、市場機能が優れていても、それが完全なものになることは決してありません。一般のマーケットからはじき出されてしまう社会的弱者をサポートする機能、機構は必ず必要です。社会福祉法人、特別養護老人ホームは、単なる「地域の介護拠点」「介護が必要な高齢者の施設」ではないのです。

高齢社会が進むと、介護サービスだけでなく、老人福祉の役割も大きくなり、福祉的な視点でのサポートが必要な高齢者が増えていきます。私は、社会福祉法人や特別養護老人ホームは、本来の役割に立ち戻るべきであり、そのためにも介護保険だけではない福祉的な視点からの収入の安定・運営の安定が必要だと考えています。それぞれの役割を見直し、制度設計全体を修正する時期にきているのです。

第７章　自治体の役割——「高齢者居住安定確保計画」の策定——

一　超高齢社会には高齢者住宅の健全育成が不可欠

有料老人ホームや高専賃の中には、入居者が集まらず経営が悪化しているところも増えていることから、高齢者住宅は、供給過多、飽和状態にあるのではないかと考える人もいるかもしれません。しかし、そうではありません。団塊の世代が高齢化するのはこれからですし、核家族化によって独居高齢者、高齢者世帯は増加します。家族介護機能の低下によって、自宅で生活できない、行き場のない高齢者は確実に増えていきます。今はまだ、その急激な上り坂をのぼり始めたにすぎません。

私が、高齢者住宅産業の健全育成が超高齢社会を迎える我が国において、不可欠であると考える理由は二つあります。一つは、社会保障・介護保険財政の効率運用です。

繰り返しになりますが、高齢者住宅で暮らす要介護高齢者が増えると、介護ヘルパーの訪問移動の時間が必要ないため、効率的に介護サービスを提供することができます。効率的に介護サービスが提供できるということは、財政的にも効率的な運用が可能です。「高齢者住宅の増加は介護保険財政の悪化要因」として特定施設入居者生活介護の総量規制や、有料老人ホームの届け出抑制を行っている都道府県がありますが、それはその基礎となる報酬設定に問題があるからです。

介護保険だけではありません。今後、激しい勢いで増えていくと予想されているのが、高齢者の生活保護世帯です。

国立社会保障人口問題研究所から示された「生活保護に関する公式統計データ」（二〇〇九年七月更新）によると、二〇〇七年の全保護世帯一一〇万三〇〇〇世帯のうち、四五％の四九万七六〇〇世帯が高齢者被保護世帯となっています。一九九四年と比較すると、高齢者世帯の被保護世帯数は二倍を超えており、この十数年の間に急増しています。今後、被保護率の高い独居高齢者の増加によって、高齢の生活保護世帯が急増することはまちがいありません。

高齢者世帯の生活保護は、一時的なものではなく、亡くなるまで継続的に必要となります。また、独居高齢者、高齢者夫婦世帯が一般の賃貸住宅を借りるのは簡単ではなく、低所得・低資産の高齢者はさらにむずかしくなります。行き場のない要介護・低所得の高齢者の安定的な住居・生活をどのように確保していくのか、超高齢社会の中で大きな課題としてのしかかってきます。

これまでのようなお金に余裕がある人のための「有料老人ホーム」ではなく、「介護対策」「住宅対策」「低所得者対策」を一体的に検討・解決するための手段として、高齢者住宅事業が重要な位置を占めることになります。

もう一つ、プラス要因として忘れてならないのは、成長産業としての側面です。高齢者住宅事業は、不動産、建設、設備、介護、看護、食事などの多岐にわたるため、様々な業種に影響を及ぼします。またそれは公共工事のような一過性のものではなく、二〇年、三〇年と長期に需要が見込めるビジネスです。また、介護サービス事業は労働集約的な事業ですから、多くの安定した雇用を見込むことができます。

地域産業としての側面も重要です。高齢者が老人ホームや高齢者住宅を探す場合、自分がこれまで住んでいた場所や故郷、家族が住んでいる場所など、地縁のある場所で探すというのが基本です。問題になっている都市部への集中を緩和させることができる、地方経済の活性化にも役立つ産業だと言えます。

高齢者住宅整備がもたらす、間接的な経済効果も見過ごせません。

これからの日本は高齢化だけでなく少子化によって労働人口が減っていきます。しかし、老親の介護をするために「パートに出られない」という話はよく聞きますし、四〇歳代、五〇歳代の働き盛りの人が「両親の介護のために長年勤めた会社を辞めざるをえない」というケースも増えています。両親の介護のために家族関係が悪化し離婚となるケース、会社を退職し両親の介護に専心したが、それが終わったときには働く場所がなく、生活保護に頼らざるをえないというケースなど、介護をとりまく様々な課題が発生しています。

この高齢者介護は、高齢者・家族の問題だけでなく日本経済にも影響を及ぼす問題に発展しつつあります。地域の介護システム、高齢者住宅の整備は、日本経済を支える社会基盤として不可欠なものなのです。

二　無計画・無軌道に増え続ける高齢者住宅

しかし、現在の高齢者住宅事業が、超高齢社会の基礎となる社会インフラとして、またその地域に根ざした事業として安定的な成長をしているかといえば、そうではありません。経済効果、安定雇用というメリットを活かすためには、地域性・地域ニーズにあった高齢者住宅を計画的に増やしていくという視点が必要ですが、現在の高齢者住宅は、その開設にあたって質も量も全く管理できない状況になっているからです。

「高齢者住宅の需要が高まる」という過剰な期待から民間企業が大挙参入し、一部地域では開設ラッシュとなり、有料老人ホームや高専賃が乱立するという状況になっています。

厚労省の管轄する有料老人ホームは、昭和三〇年代からある古い制度ですが、これが急増するきっかけとなったのは二〇〇〇年の介護保険制度です。二〇〇〇年には三五〇施設だったものが、二〇〇九年一〇月には四三九六施設（無届施設からの届け出分を含む）と、この一〇年足らずの間に、一二・五倍に増えています（㈱タムラオペレーティング＆プランニング調べ）。

当然、その中で競争が発生しますし、価格やサービス内容がその地域性に合っていない場合、入居者は集まりません。その結果、倒産事業者が発生するということになります。

もう一つの問題は高専賃です。国交省の管轄する高齢者専用賃貸住宅（高専賃）です。この高専賃の制度は二〇〇一年にスタートしたものですが、二〇〇九年三月現在で、全国で一二一二件、三万三四三戸が登録されており右肩上がりで増えています。

第１章でも述べたように、高専賃は有料老人ホームのような最低基準がなされなかったため、多くの事業者が有料老人ホームから高専賃へとシフトしています。しかし、開設時に全く指導や監査が行われず、登録だけで開設できるため、その質も量も全く管理できない状況にあります。その結果、劣悪な環境の高専賃、無届施設が増加する原因になっているのです。

さらに、この劣悪な高齢者住宅の乱立は、介護保険財政悪化の一因にもなっています。

高齢者専用賃貸住宅は、建物や設備基準がありませんから、押入れを改装しただけの劣悪な生活環境の部屋に複数人の要介護高齢者を入居させるといったところもでてきています。同様の有料老人ホームの無届施設も、増加しています。こうした施設の入居者には、生活保護受給者なども多く、制度の歪みをついたいわゆる「貧困ビジネス」と呼ばれるものです。

たしかに、職員配置基準や建物・設備基準のある有料老人ホームなどと比較すると低価格で入居することができます。「困っている人がいる」「行き場所のない人のために……」と、一部に擁護する意見のあることも事実です。しかし、入居する高齢者の利用料は安くても、生活保護費一杯まで家賃・利用料を設定し、系列業者の訪問介護などの介護サービスを限度額まで利用させ、グループ全体として高い介護報酬を得ることによって、制度に則って運営されている介護付有料老人ホームとは比較にならないほどの、高い利益を得ることが可能です。厚生労働省の資料（「社会福祉各法に法的位置付けのない施設に関する調査」二〇〇九年一〇月二〇日）によると、二〇〇九年一月現在で、生活保護受給者で、要介護高齢者を対象とした無届施設に入居している高齢者は四三三九人、高専賃は二五四〇人に上っています。

火災で多くの方が亡くなった群馬県の無届施設「静養ホームたまゆら」では、東京の都内自治体から紹介されて入居していた高齢者も多いということが、問題となりました。行き場のない低所得の要介護高齢者は、今後、ますます増えていくでしょう。

無届施設の中にも、真面目に取り組んでいる人も多いということは事実ですが、これらの施設は、監視の目が行き届かないため、身体拘束や人権侵害が行われていても、外部からは全くわかりません。このような施設が増えれば増えるほど、健全な状態にはほど遠くなっていくのです。

このような制度の歪みをついた劣悪な高齢者住宅が増える一方で、「介護付有料老人ホームの増加は介護保険財政悪化の一因となる」として、特定施設入居者生活介護の新規開設は規制されています。また、述べたように新しく開設される特別養護老人ホームは、全室個室のものばかりで、生活保護などの低所得者は実質対象外です。

要介護の低所得者は、入所できる特別養護老人ホームは少なくなり、当然有料老人ホームなどの民間の高齢者住宅にも入れませんから、行き場所は劣悪な環境の「無届施設」しかありません。そこで「生活保護費」「不要で高額な介護報酬」が悪質な業者に横取りされているということになれば、結局何をしているのかわからないのです。

三　高齢者居住安定確保計画の策定を

１　地域ニーズに沿って

私は、これからの高齢者住宅は、「マーケットまかせ」「民間企業まかせ」ではなく、市町村の単位で地方自治体が整備計画を立て、一定の管理の上で増やしていくべきだと考えています。

この行政の管理強化については、市場原理に反する、適正な競争を阻害するという反対意見も少なくありません。たしかに、行政の管理強化は、新規参入を妨げ、入居者の選択の幅を狭め、自由な価格・サービス競争が行われにくいというデメリットが発生することは事実です。

ただ、社会保障の財政的な制約、これから爆発的に要介護高齢者が増えるという時間的な制約、経営が悪化した場合の入居者・家族・地域に与える影響などを考えると、入り口で、質を担保するための厳しいチェックを行うと同時に、過当競争にならないよう量的にも一定の規制をかけることは必要ではないかと考えています。

その計画の基礎となるものが、二〇〇九年五月に改正された「高齢者安定居住確保法」の中に謳われている「高齢者居住安定確保計画」（以下「確保計画」）です。これは国交省と厚労省の施策を横断的に盛り込んだ基本方針を作成し、都道府県単位で高齢者住宅や老人ホームの供給目標を定めるものです。有料老人ホーム、高専賃などの民間の高齢者住宅だけでなく、特別養護老人ホームなどの福祉施設の整備目標も一体的に検討される予定です。

地方自治体が、この確保計画を策定するにあたって重要なことは、量的な整備計画だけでなく、そのコンセプト（ターゲット、サービス内容、価格など）を含め検討するということです。

介護保険制度が発足した当初、訪問介護や通所介護などの整備に対して「参酌《さんしゃく》標準」というものがサービス量を測る一つの指標として用いられました。これは、各都道府県・市町村が、その地域の要介護高齢者数に応じて、どの程度のサービス量が必要になるのかを検討する際の指針となるように定められたものです。現在の特定施設入居者生活介護の総量規制においても、同様に高齢者対比で「指定量の基準」というものが策定されています。

しかし、このような量的側面からだけの基準設定は、重要な地域ニーズを見誤らせる原因となっています。

本来、介護サービス事業は地域に根ざしたサービスであり、それぞれ地域性・地域ニーズが違うため要介護高齢者数だけでその必要サービスが決められるわけではありません。特に、高齢者住宅は介護付有料老人ホーム（特定施設入居者生活介護）と言っても、その価格やサービス内容には大きな差があります。サラリーマンなどの中間層が多く暮らす地域に、超高額の介護付有料老人ホームが開設されても、その地域の高齢者は利用できませんし、おそらく入居者も入らず事業継続はできないでしょう。

現在でもひとつの地域の中に数百人分の高級介護付有料老人ホームが開設され、その入居率は一割程度にとどまり、その結果、自治体として数百人分の指定枠がむだに使われてしまっているために、地域ニーズに合致した、手頃な価格の介護付有料老人ホームがつくれないというところもでてきています。

高齢者住宅・介護サービス事業は地域密着の事業です。要介護高齢者数や高齢化率が同じでも、東京のベッドタウンとして発展してきた新しい市と、昔からの地方都市、農村部とでは、求められるサービスや高齢者住宅は全く違ってきます。それは、風習、近隣との関係などによっても大きく変わります。

この確保計画によって、現在、無軌道に増えている高専賃に対しても、一定の規制が行われると思いますが、同様に、高齢者の数に合わせただけの「有料老人ホーム△ヵ所、△△人分」「高専賃△ヵ所、△△人分」といった、制度にもとづく量的な計画だけでは必ず失敗します。定員数や制度ではなく、どのような高齢者住宅・高齢者施設を作っていくのかというコンセプトも含めた整備計画が必要なのです。

これは財政的な観点からも重要な視点です。そもそも社会保障というものは制度ではなく、運用に重点が置かれるべきものです。全国的に高齢者住宅が不足するからと言って、どの地域でも高齢者住宅が必要となるわけではありません。都会と違って、農村部では近隣同士での交わり、関係が強く、「老人ホームに入る」という選択肢は、それほど高くありません。「住宅サービス」「施設サービス」のバランス、「在宅サービス」とのバランスをどのようにとるのかは、その地域特性によって大きく変わってくるでしょう。

この確保計画には、有料老人ホーム、高専賃といった高齢者住宅だけでなく、特別養護老人ホーム、ケアハウス、老人保健施設、グループホームなどの整備も関わってきます。福祉施設は、述べた新型特別養護老人ホームだけでなく、自立～要支援程度の高齢者を対象としたケアハウスも、一定の資産を持った高齢者しか入所できないという、福祉施設とは呼べないようなものになっています。また、本来、在宅復帰施設、中間施設として整備された老人保健施設の役割もあいまいなものとなっており、長期入居の施設となっているところも少なくありません。それは、効率的な介護保険財政の運用の面からも大きな問題です。

「施設か、住居か」といった言葉選び、有料老人ホームか高専賃かと言った制度選びではなく、「行き場のない高齢者の住処をどうするか」という実務的な視点から、それぞれの目的や役割を明確にして、再構築しなければなりません。各市町村単位・介護保険者単位で、そのエリアにどのような高齢者住宅・老人福祉施設が、どの程度必要となるのか、その地域性に沿った効率的な介護ネットワーク構築のために何が必要なのかを、財政を勘案しながら必要数を検討していく必要があるのです。

2　開設時届け出・指導の徹底

第2章でも触れましたが、これからの高齢者住宅の計画において、最も重要になるのが開設時の指導監査の徹底です。国と都道府県との歪み、省庁間の歪みによって、高齢者住宅の入居者保護施策、指導監査体制は完全に有名無実化していますが、入居者の生活を守り、高齢者住宅の質の底上げを行うためには、情報開示・第三者チェック体制の強化は不可欠です。重要なポイントは二つあります。

一つは「無届施設」「劣悪な高専賃」の増加を止めることです。

劣悪な環境の高専賃がふえていることから、高専賃でも一定の登録基準を設定し、それ以下のものは登録させないという施策が進められています。しかし、途中で届け出基準や登録基準が変更されると、無届け、無登録のものが増えるというだけです。「居住環境の改善」という側面からは全く意味がなく、基準以下の住居に暮らす高齢者を切り捨てるということにすぎません。

このような劣悪な無届け・無登録でも、行き場のない高齢者・家族にとっては最後の砦となっており、入居希望者は増えているからです。開設され、入居者が集まってしまえば、「居住権」や「その後の行き場所の確保」という問題がでてきますから、対応はさらにむずかしくなります。いつまでも、無届施設がなくならない最大の原因はここにあります。

行政担当者と話をすると「最終的には民民契約なので手が出せない」「入居者の選択なので……」という人が多いのですが、それは完全にまちがっています。たしかに、一般の住宅であれば建築基準法などの関係法令に合致していれば、個室だろうと相部屋だろうと、本人が選ぶことです。しかし、このような法律を無視した高齢者専用の無届住宅、無登録住宅が増えるということは、弱い立場の高齢者が、劣悪な環境に追いやられるというだけでなく、生活保護費や介護保険といった税金や公的財産が横取りされ、無駄に使われるということでもあります。

高齢者の居住環境の底上げを行い、逼迫する社会保障財政を公平に運用するためには、このような行き場のない高齢者を集めて制度のスキをついて運営している事業者をこれ以上は開設させない、そして将来的には根絶させなければなりません。経営できないような、法整備、指導を行うべきなのです。

もう一点は、経営の安定です。

高齢者住宅事業は、民間の営利目的事業ですが、社会性・公共性の高い事業であり、高齢者にとっては「終の住処」となるものです。事業経営が不安定になると、入居者だけでなく家族は回復できないほどのダメージを受けますし、地域の介護福祉ネットワークにも大きな影響を及ぼします。事業の性格上、流行の「短期利益の確保」というものではなく、長期安定経営が不可欠なものです。現在のように「誰でも簡単に開設できる」という状況は好ましくありません。その参入にあたっては、参入を希望する法人の財政的な基盤や信頼度など、一定の基準を定め、審査することが必要です。

特に、入居一時金経営は、経営を不安定にさせる長期入居リスクの発生要因となります。第３章で、入居一時金の基準検討のポイントとして六点挙げていますが、これを徹底するためには、入居一時金を徴収する有料老人ホームの開設時のルールを厳しくすることが必要だと考えています。

現在の有料老人ホームの事業計画を見ると、入居一時金で得たキャッシュフローを運営資金として活用することが前提になっているものが多いのですが、これでは経営が非常に不安定になりますし、何か問題が発生した場合「契約通り返還できない」ということが計画の前提になっているということです。「五〇〇〇万円を上限とした保全義務」は必要ですが、だからと言って、数千万円預かっても五〇〇〇万円しか返さなくてもよいという意味ではありませんし、それ以外のお金は事業者の資金として自由に使ってよいというわけではないでしょう。また、それが、支払う入居者に説明されていないということは、大きな問題です。

このような前受金ビジネスは、これまで英会話学校や資格スクールなどで行われており、二〇〇七年に倒産した英会話学校ＮＯＶＡの場合に大きなトラブルが発生しています。しかし、有料老人ホームは生活の基礎となる住居です。

私は、入居一時金の未償却額（返還対象部分）を運営資金として活用することが前提となっているような事業計画は認めるべきではないと考えています。また、入居一時金を徴収する場合は、安易に運営資金に取り込まれないように、運営に必要な一定の資金は、事業者に準備させるべきだと考えています。ただし、これらは参入障壁を高くするということにつながります。

「ノウハウを持っていても、資金のないところは参入できないのか」「自由な競争を妨げる」という意見もあるでしょう。ただ、自由な競争も大切ですが、それは運営の安定が、一定確保された上でのことです。

介護サービス事業が、これまで老人福祉施策に限定されていた理由は、その業態が弱い立場になりやすい要介護高齢者の生活に密着する事業だからです。現在でも、入所系の特養ホーム、養護老人ホームなどは、第一種社会福祉事業として、参入基準は社会福祉法人、地方公共団体などに厳しく限定されています。民間の高齢者住宅は、福祉施設ではありませんから、同列に扱うべきではありませんが、高齢者が入居して生活するというサービス内容は同じです。有料老人ホーム、高専賃にかかわらず、一定の厳しい基準を設け、経営の安定を重点においた開設までの協議、指導を行うことが必要です。

図表28　現行の総量規制のあらまし

① 2014年の各市町村の施設サービス・居住系サービスの参酌標準を、要介護２以上の高齢者の37%以下とする。
② 対象となるのは介護保険３施設、認知症高齢者共同生活介護、介護専用型特定施設入居者生活介護、地域密着型介護老人福祉施設、地域密着型特定施設入居者生活介護。
③ 第３期介護保険事業計画（2006年〜2008年）を上記に基づき策定する。
④ 自立・要支援の高齢者も入居可能な混合型特定施設は、参酌標準の対象外であるが、都道府県で必要利用定員数を定めて規制する。

3　現在の総量規制は撤廃すべき

この「高齢者居住安定確保計画」の策定において、もう一つ重要となるのが介護保険法の特定施設入居者生活介護の総量規制の取り扱いです。総量規制とは、都道府県が施設サービス及び居住系サービスの必要利用数を定め、その必要数に達した場合、これらサービスの新規指定を規制できるというものです（図表28）。

企業、株式会社は、決められたルールの中で、利潤を追求するものです。

介護保険財政を考えれば、一般型特定施設のような日額包括算定方式には重度要介護高齢者が多く、出来高算定方式の区分支給限度額方式には軽度要介護高齢者が多いというのが理想ですが、企業として見れば、その逆が運営しやすいということになります。結果、日額包括算定方式の介護付有料老人ホームには軽度要介護高齢者が多くなる一方で、グループ一体型で重度要介護高齢者を対象とした区分支給限度額方式の住宅型有料老人ホーム、高専賃が増えることになります。

この総量規制は、介護保険財政の悪化を止めるための一つの手段として策定されたという側面が強いのですが、述べたように、安易な規制はグループ一体型の要介護高齢者専用の住宅型有料老人ホーム・高専賃を生み出し、介護保険財政を悪化させるという逆効果を生んでいます。

また、このような「日額包括算定を一括して規制する」という方法は、それぞれの施設や制度の役割を無視したものです。その市町村の介護サービス力を上げるには、特養ホームが必要なのか、老人保健施設が必要なのか、または民間の高齢者住宅が不足しているのかということを、それぞれの地域事情に照らし合わせて、検討しなければなりません。

私は、この特定施設の総量規制は撤廃し、施設サービス、高齢者住宅など、それぞれの必要性を判断し、「高齢者居住安定確保計画」の中で、一元的に管理・計画するべきだと考えています。その方向性・ポイントは三つあります。

❶介護サービスは「特定施設入居者生活介護」で

この総量規制の対象となっているのは、施設サービス・特定施設入居者生活介護などの「日額包括算定」の介護報酬です。この日額包括算定の介護報酬は、自宅で生活する要介護高齢者と比較して、高額の介護報酬が必要となることから、当初は、これを一定量内に規制するということが目的でした。

しかし、「外部サービス利用型特定施設」の創設によって、そのスタンスは変化しています。現在の総量規制は、いわゆる「介護付施設、介護付住宅」と呼ばれるような、「その住宅・施設の責任で、介護看護サービスが提供されるもの」の規制に変わっているのです。この転換に気づかない都道府県・市町村は致命的なまちがいを起こしています。

述べたように「外部サービス利用型特定施設」は、これまでの一般型特定施設、区分支給限度額方式の両方の問題点を解決し、介護保険財政の悪化を防ぐために策定されたものです。それにもかかわらず、いつまでも「特定施設は規制対象」として、「介護付はダメ」「住宅型は認める」という方針を採っている都道府県は少なくありません。しかし、述べたように、その規制は長期的に見れば逆に介護保険財政の悪化要因となります。介護付有料老人ホームだけを規制して、住宅型有料老人ホーム・高専賃などを野放しにしている「ツケ」は、雪だるま式にふくらんだあげくに、早晩必ず支払うことになります。

高齢者住宅の特徴はたんなる住居の提供というだけでなく、介護や看護、食事、生活相談などのサービスが一体的に行われることにあります。特に要介護高齢者はこれらのサービスがなくなると、実質的に生活できませんから、住宅事業者の責任でこれらサービスが一体的に行われることが重要です。

基本的には、高齢者住宅の介護サービスについては、「特定施設入居者生活介護」の指定を基礎とし、責任を明確にするべきだと考えています。つまり、有料老人ホームであれ、高齢者専用賃貸住宅であれ、高齢者住宅で提供される介護サービスは「特定施設入居者生活介護（一般型・外部サービス利用型）」しか認めないという方向に進むべきです。これによって、現在、無軌道・無制限に増えている高専賃も、一定程度管理することが可能になります。

❷「一般型」と「外部サービス利用型」の役割分担

現在の総量規制は、要介護高齢者のみを対象とする「介護専用型」と要支援・自立高齢者も対象とする「混合型」に分けています。しかし、自立や要支援の高齢者も加齢によって要介護状態になりますし、また「混合型」として申請していても、実際の入居者選定はその事業者が行うのですから、両者を分けることに全く意味はありません。

また、「混合型」と言っても、重度要介護高齢者を対象とした介護システム・建物設備と、自立・要支援高齢者を対象とした介護システム・建物設備は、基本的に全く違うものです。そのため、「一般型特定施設」で「混合型」のものは、指定基準に沿った最低限のスタッフ配置となっているものが多く、重度要介護高齢者の割合が増えると対応できなくなります。高齢者は加齢によって要介護度が高くなる、また重度要介護状態になった時の安心のために入居するのですから、長期安定経営の視点から実際のサービス実務を考えると、「一般型特定施設」の「混合型」というのは、全く実務を知らない人が作ったとしか思えない、ありえない選択なのです。

私は、高齢者住宅の介護サービスは、その提供責任を明確にした特定施設入居者生活介護を基礎とすべきであるということを述べましたが、現在の「一般型」と「外部サービス利用型」の役割分担を明確にした規制は行うべきだと考えています。述べたように、すべて包括算定の「一般型特定施設」は、重度要介護高齢者を対象とした介護システムの構築に適した介護報酬ですし、逆に「外部サービス利用型特定施設」は、軽度要介護〜重度要介護まで、変化に対応できる介護システムの構築に適した報酬体系であり、軽度要介護高齢者が多くても介護報酬支出を抑えることが可能です。

ですから、一定枠を定めるのは重度要介護高齢者を対象とした「一般型特定施設」とし、それ以外の高齢者住宅は「外部サービス利用型」として、届け出・申請を義務付けること、そして、届け出や登録を行わず、指導監査を拒否しているような無届施設については、介護報酬をストップするといった厳しい態度で臨むべきだと考えます。

❸一定枠の行政管理

また、この「一般型特定施設」の一定枠については、行政でそのサービス内容を管理すべきだと考えています。訪問系サービスとは違い、介護付有料老人ホームと言っても、そのサービス内容・価格はそれぞれに違いますから、その総量が増えても、その地域の高齢者の介護福祉ネットワークに全く寄与しない可能性があるからです。「高齢者居住安定確保計画」においては、制度ではなく中身を検討すべきだと述べましたが、それと同じです。

特別養護老人ホームなどの福祉施設の役割は、低所得者対策ではなく、介護虐待や介護拒否などの福祉的サポートが必要な高齢者対応に力を入れなければなりません。そのため、自宅で生活できない低所得者の要介護高齢者を対象とした高齢者住宅の整備は不可欠です。そして、それは「営利目的」の民間企業ではなく、行政が中心となって整備しなければなりません。

そのため、私は、この一般型特定施設の必要数のうち、一定枠については、市町村が管理し、その地域性に見合った高齢者住宅を策定するために、コンセプト・価格帯・サービス内容などについて、一定の基準を定めて指定するということが必要です。その地域の高齢者にあわせて指定をすることができれば、介護保険財政の効率的運用にもつながります。

以上、これからの「高齢者居住安定確保計画」について、必要な視点と方向性を挙げましたが、総じて言えることは、市町村のマネージメント力を高めなければならないということです。現状を見ると、これまでの「中央集権体制」の中で、国へのお伺い体質に慣れ、自分たちでマネージメントを行うという意識が低い自治体が多いという意見も聞きます。残念ながら、市町村や府県の担当者と話をしても、そのように感じることは少なくありません。

ただ、その一方で、最近は道州制の議論が活発に行われるなど、地方自治の意識はこれまでにないほど高まっているということも事実です。社会保障は制度ではなく運用に重点が置かれるべきものです。この確保計画は、都道府県単位で策定されますが、各市町村の声を反映することができるよう検討を求める付帯決議が採択されています。限られた財源・人材の中で、最も効率的に手厚い介護を提供するには、市町村ごとに細かく現状・地域ニーズを把握し、その内容や方向性を検討するという意識の変革は不可欠です。それはこれまでのように、行政が、民間事業をただ管理・監視するという時代ではなく、その地域住民に喜ばれる高齢者介護サービス・システムを官民一体となって作っていくという視点が必要になるということでもあります。現在の特定施設の総量規制のような「国からの指示待ち」「よくわからないのでとりあえず規制」「お金がないので一律削減」といった手法では、その自治体の存在意義が問われることになるでしょう。

第8章　高齢者住宅の未来

高齢者住宅は、トラブル、倒産ホームの増加によって大きな転換点を迎えています。最後に、これからの高齢者住宅産業の論点や方向性について、述べます。

一　スタンドアローン型からネットワーク型へ

これからの高齢者住宅の方向性を示すキーワードの一つは、スタンドアローン型からネットワーク型事業への転換です。これは、企業単独型ではなく地域密着型への転換だとも言えます。

現在の高齢者住宅は、大手の高齢者住宅関連企業がいくつもの都道府県・市町村にまたがって運営しているものや、地域企業が高専賃や有料老人ホームを単独で運営しているものが中心です。しかし、本来、高齢者住宅は単独で存在するものではなく、高齢者医療・看護・介護などその地域の介護・医療・福祉ネットワークの一つとして運営されることが望ましい事業です。たとえば、介護付有料老人ホームは、施設の中ですべてのサービスが内包され完結されると考えがちですが、地域の医療機関との実務的な提携・連携は欠かせません。医療依存度の高い高齢者の増加やターミナルケアの推進によって、この医療連携はますます重要になっています。

また、リゾート地での高級有料老人ホームやターゲットが限定されるような特殊なサービスのものを除き、中間層を対象とした高齢者住宅の対象者は、その地域の高齢者になります。エリア内の介護医療関連サービスやケアマネジャーから信頼を受けていないと長期安定的な運営はできません。

訪問介護や通所介護を運営する事業者にとっても、高齢者住宅事業は重要なサービスです。在宅で介護を受けながら生活している高齢者や、その家族の多くは、将来的な重度化や介護環境の変化によって自宅で生活できなくなった場合の不安を抱えています。特別養護老人ホームは希望者の増加によって入所がいっそうむずかしくなることから、「安心の担保」としての高齢者住宅の役割は、ますます高くなっています。

高齢者住宅事業は、自宅で生活できない要介護高齢者の受け皿となる住宅事業です。「福祉」「医療」「民間」という垣根を越えて、一体となって地域の高齢者をサポートするという意識が必要です。

この「ネットワーク」は、理念だけでなく、経営の側面からも重要です。

述べたように、これから開設される高齢者住宅は、外部サービス利用型特定施設が中心となると考えています。規制される可能性が高い区分支給限度額方式からの転換だけでなく、軽度要介護高齢者が多い介護付有料老人ホームは、介護スタッフ不足、収益悪化によって一般型特定施設から外部サービス型に転換するところも増えてくるでしょう。

その場合、同一グループで訪問介護や通所介護を運営している場合と、単独の場合とでは事業性・収益性は大きく違ってきます。同一グループ内でなくても、サービス提供や協力体制については、契約書や覚書などを作って、責任の所在を明確にし、相乗効果を生み出さなければ、他の事業所とのサービス競争に勝ち抜くことはできません。将来的には「有料老人ホームのみ」「高専賃のみ」といった単一サービスだけの事業者は、経営がむずかしくなるでしょう。逆に、ネットワークの中で、その地域で認知され、評判のよい高齢者住宅を経営することができれば、同系列への在宅介護サービスへの集客に対する波及効果も大きく、同時に、それは画一的なサービスからの脱却につながります。

「同一グループでの高齢者の囲い込みにつながる」と、以前は問題視されましたが、あくまでも選択するのは高齢者・家族です。統一された高い理念、高い教育レベルで、優良なサービス、差別化されたサービス、より高い安心を提供できるのであれば、無理に囲い込む必要さえありません。

これは、病院や診療所を運営する医療法人にとっても重要な視点です。医療というメリットを活かすには、「長期入院となる高齢者の退院先の確保」「訪問診療によるターミナルケア」など、グループ全体を活性化する商品システムを設計しなければなりません。

また、経営悪化する有料老人ホームの増加とともに、M＆Aも再生方法の一つとして注目されることになりますが、これまでのような「規模の拡大」を目的とした事業買収ではなく、事業再生の視点から、資本提携・サービス連携も含めた「ネットワーク」の再構築が必要になります。これまでの生活から隔離された「単独の老人ホーム」ではなく、法人・グループ全体として、その地域で生活する高齢者・家族に、総合的な安心を提供するための「グランドビジョン」を描くことができなければ、競争に勝ち抜くことはできないでしょう。

さらに、都道府県が策定する「高齢者居住安定確保計画」においても、ネットワークの視点は不可欠です。述べたように、同じ要介護高齢者数であっても、地域性によって必要なサービス量、サービス内容はそれぞれに違います。特に、高齢者住宅事業は、福祉施設とは違い、同じ介護付有料老人ホームでもそのサービス内容・価格帯は多種多様です。資産階層、地域ネットワーク、人口密度、独居率などについても勘案しなければ、本当にそのエリア内に必要なサービス内容・サービス量は見えてきません。

爆発的に増えていく社会保障費、徹底的に不足する人材を最も効率的・効果的に活用するには、制度ではなく、どのような高齢者住宅・高齢者施設を作っていくのかという商品やコンセプトも含めた整備計画が必要です。財政的な視点からも、介護保険施設、老人福祉施設、高齢者住宅、それぞれの役割を明確にし、全体として地域の高齢者を支える、その地域性・地域ニーズに合った介護・医療ネットワークシステムをどのように構築するのかという視点が不可欠なのです。

二　可変性・汎用性の高いシステム設計

私は、高齢者住宅というサービス・商品を、「高齢者が安心して生活できるシステム」として捉えています。そのシステム設計に必要な視点として、「安全性」「安定性」「効率性」「可変性」「汎用性」の五つを挙げています。特にこれまでの高齢者住宅に不足しているものは「可変性」と「汎用性」です。

❶重度化に対応できるように——可変性

高齢者の最大の特徴は、加齢によって身体機能が低下していくということにあります。自分でトイレに行って排泄をしていた人も、トイレへの移動や車イス移乗の介護が必要となり、尿意や排泄機能が低下し、オムツなどが必要となります。高齢者住宅という商品・システムは、加齢によるニーズ変化・サービス内容の変化に対応することが求められるのです。この高齢者住宅に求められる可変性には二つの意味があります。

一つは、「個別の要介護変化への対応力」です。これは、自立独歩・自立排泄が可能な高齢者が、車椅子介助・排泄介助、そして寝たきり・オムツ介助になっても、対応しなければならないということです。たとえば、元気な高齢者の入浴設備と、寝たきりの高齢者が使う特殊な入浴設備とは基本的に違います。車イスでの生活となると、ある程度の廊下幅でないとすれ違えませんし、エレベーターも専用のものが必要です。居室内でも移動したり、回転するだけでも大きなスペースが必要となりますし、電気スイッチの位置（特に高さ）にも留意が必要です。

また、軽度要介護高齢者は、「通院介助」「入浴介助」など、ポイント介助が中心となりますが、重度要介護高齢者になると、ほぼ生活すべてに介護が必要となります。完全にプラン化することがむずかしい排泄介助などの「臨時ケア」、テレビをつけてほしいなどの短時間の「すき間ケア」が多くなり、これがないと生活を維持できません。

もう一つは、「全体の要介護度割合変化への対応力」です。

要介護高齢者対応の介護付有料老人ホームと言っても、要介護1、要介護2程度の軽度要介護高齢者が多い場合と、要介護4、要介護5の重度要介護高齢者が多い場合とでは、全体で必要なサービス量は変化します。特に、高齢者住宅事業者が「重度要介護状態になっても対応できる」ということは、個別の変化だけでなく、多くの入居者が重度要介護高齢者になっても対応できるだけのサービス・システム設計を考えなければならないということです。

しかし、現在の多くの高齢者住宅の介護システムはそのようになっていません。住宅型有料老人ホームなどの区分支給限度額方式では、ポイント介助が中心となり「臨時ケア」「すき間ケア」に対応できないため、重度要介護高齢者には対応できません。

同様に、介護付有料老人ホームだから「重度要介護状態になっても安心」というわけではありません。特定施設入居者生活介護の基準配置【3：1配置】程度でも、軽度要介護高齢者が中心で、重度要介護高齢者が少数であれば十分に対応できます。ただ、重度要介護高齢者の割合が高くなると、個々の入居者のケアプランの合わせた全体の介護サービスの必要量が、基準で定められた介護看護スタッフ数で提供できる介護サービス量を超えてしまうために、対応できないのです。つまり、二四時間三六五日スタッフが常駐しているというだけでは、「全体の要介護度割合変化への対応力」という面からみると、不十分なのです。

そのため、多くの介護付有料老人ホームでは、入居者二名に対してスタッフ一名【2：1配置】などと基準よりも手厚い体制にして重度要介護高齢者が増えても対応できるようにしています。しかし、当然、それだけ上乗せ介護費用がかかりますから、高額な月額費用になりますし、軽度要介護高齢者にとっては、実際に受けるサービス以上の高い安心料を支払うということになります。

これは建物や設備も同じです。たとえば、共用の入浴設備ですが、軽度要介護高齢者が多い場合は、一般個浴（軽度要介護高齢者が利用する通常の浴槽に近いもの）が混雑し、一方、一千万円近い金額を出して購入した、寝たきり高齢者が入浴できる特殊浴槽（機械式の浴槽など）は、数名しか利用していないという現象が発生します。逆に重度要介護高齢者が多くなると、その需要は逆転します。「早目の住み替えニーズ」というコンセプトの有料老人ホーム・高専賃が増えていますが、同一のサービス内容・価格で、要介護度の変化に対応することはできません。それは、同じ学校といっても小学校と高校とでは、カリキュラムや設備内容が違うのと同じです。

そこで重要となるのが、この要介護度の変化に合わせて内容を変化させるという「可変性」の高い商品設計です。

介護サービスは、労働集約的な事業ですから、介護サービス量を増やすためには、それだけ多くの介護スタッフが必要になります。そのためには、介護サービス量の変化に合わせて介護スタッフの数を変化できるような介護システムが必要です。これまでの介護付有料老人ホームのような【３：１配置】【２：１配置】といった画一的な介護システムではなく、外部サービス利用型特定施設を基礎として、全体の介護サービス必要量の変化に合せて介護・看護スタッフを増やすという介護システムの検討は始まっています。また、入浴設備も買い取りではなくリース対応とし、対象高齢者数の変化に合せて入替えが可能なものが増えています。

❷ニーズの多様化に対応して——汎用性

もうひとつは、「汎用性」です。可変性が「介護サービス量変化への対応力」だとすれば、汎用性は、「多様化するニーズへの対応力」です。

介護保険制度によって、それまで福祉施策・集団的ケアが中心だった高齢者介護に、個別ケアの視点が導入されました。高齢者個人の生活・希望に合わせてケアプランが策定され、これにもとづいて介護サービスが提供されます。自宅で暮らす高齢者は、要介護度や身体状況、生活環境に合わせて、「介護・看護・リハビリ」「通所・訪問・短期入所」など受けたい介護サービスを選択し、組み合わせてサービスを受けることができます。

これに対して、特別養護老人ホームや現在の介護付有料老人ホームの介護システムは、介護・看護スタッフが一定であり、入居者は、デイサービスやデイケア、訪問看護といった外部の介護サービスを受けることができません。たとえば「自分のかかりつけの医者に行きたい」というニーズに対して、個別の訪問介護であれば対応できますが、包括算定の介護付有料老人ホームの場合、人員が限られているため介護保険内では対応しにくくなります。

理学療法士（ＰＴ）や作業療法士（ＯＴ）などによるリハビリを受けたいという場合も、医療保険が使えない場合、全て自費対応となってしまいます。ニーズが多様化する中で、高齢者一人ひとりの生活・希望に対応していくということは、これからの高齢者住宅のシステム設計に重要な視点です。これは介護サービスだけではありません。

建物・設備も固定的なものでは、高齢者のニーズに対応できません。要介護状態と言っても、右麻痺・左麻痺など、麻痺の部分によって居室・設備の使い勝手は変わってきます。特に居室は、その入居者が日常の大半を過ごす場所ですから、個別の身体状況や排泄方法、生活動線などに合わせて、汎用性を高めた設計検討が必要です。

この課題に対して、居室内のトイレや手すりなどのハード面を、その入居者に合わせて、どの程度まで対応することができるのかという設計検討は進んでいますし、また、介護システムについても、私たちは、全体のシステムを考えながら、個別対応を進めるべくシミュレーションを行っています。

これからの高齢者住宅という商品・サービスのシステム設計においては、「入居者の変化にどのように対応するか」という「可変性」「汎用性」の視点が不可欠なものとなっていきます。それが、これまでのような「福祉施設モデル」でも「賃貸アパートモデル」でもない、独立した新しい「高齢者住宅」としての視点なのです。

三　医療法人の運営する高齢者住宅

二〇〇六年（平成一八年）の医療制度改革によって、医療法人が高齢者住宅を直接運営することが可能となりました。現在の高齢者住宅事業者が、これからの競争相手として最も警戒しているのがこの医療法人が運営する高齢者住宅です。それは、民間業者にはない医療という大きなサービスを持っているからです。

多くの高齢者は、身体機能の低下によって高血圧や糖尿病などの生活習慣病を抱えています。また、歳を取って血管が弾力性を失い硬くなっていることから、脳血管障害や心筋梗塞などの発生頻度は高く、骨粗鬆症によって転倒すれば骨折しやすくなります。高齢者にとって医療は特別なものではなく、介護と同様に日常的に必要となるサービスの一つです。

有料老人ホームなどの高齢者住宅への入居を希望する高齢者や家族の求めるものは、それぞれ個別のサービスではなく、トータルな生活の安心です。よほど評判の悪い病院は別にして、一般的には株式会社が運営する有料老人ホームよりも、長年その地域で貢献してきた医療法人が運営する高齢者住宅に対する信頼は高くなります。今後、民間の有料老人ホームの倒産やトラブルなどが増えてくると、このイメージの違いは、さらに大きくなるでしょう。

実際、現在、運営されている有料老人ホームに入居中の高齢者の不満の一つは、医療サービスだと言われています。有料老人ホームでは、入院や通院に関して「協力病院」を定めていますが、「名前だけ借りている程度」で、通院や入退院、情報提供などについて、実際の連携は取れていないところも多いようです。入居者からすれば通院においても、病院を指定されるだけで、入居者にほとんどメリットはありません。また、入院になった場合でも、一般の高齢者と同じように、病状が安定すれば早期退院を求められ、現在の老人ホームの介護看護システムでは退院後、再受け入れできないといったトラブルも増えています。

医療法人は本体の病院と高齢者住宅の一体的サポートを行うことによって、医療依存度の高い高齢者のケアを含めて、総合的な安心を提供するシステムを構築することができます。今後は、高齢者住宅内でのターミナルケア対応も必要になってきますが、訪問看護や訪問診療などの在宅サービスを提供している場合、医療法人経営の高齢者住宅には、大きな強みとなります。また、療養病床の削減や一般病床の平均在院日数の短期化によって、医療依存度の高い高齢者の生活場所の確保が、今以上にむずかしくなることは明らかで、その受け皿としてのニーズも確実に高くなります。

ただ、喜んでばかりはいられません。それは現在の医療法人が、これまでのような病院経営だけでは、法人運営がむずかしくなっていくということの裏返しでもあるからです。

医療法人の高齢者住宅への参入解禁は、高齢者の長期入院・社会的入院の削減と並行して行われたものです。そのため、削減される療養病床の転換先としてのイメージが強いのですが、病院経営がむずかしくなっているのは、療養病床だけではなく、一般病床を持つ民間の急性期病院も同様です。

悪化する一途の社会保障財政の中で、一般病床は医師・看護機能を充実させ、急性期治療を短期間に集中して行い、早期に退院させるという方向で制度改定は進められています。入院期間の長期化の原因となっていたのは主に高齢者であり、早期退院の患者が増えれば経営が安定するのですが、実際の経営はそう簡単ではありません。たとえば、仮に平均の入院日数が三〇日の病院を二〇日にする場合、一・五倍の入院患者が必要になりますが、そう都合よく短期入院の患者ばかりが増えるわけではありません。また、医師不足、看護師不足で人件費は高騰しているため、スタッフ増加に対応できない病院では経営はさらに厳しくなります。

医療機関の高齢者住宅事業への参入解禁は「入院から入居（在宅）へ」という流れの中で行われるものですが、それは、これまで病院が担ってきた役割が限定され、高齢者住宅へ移行されるということでもあります。これまで高齢者住宅に参入する医療法人は、余裕のある一部の先進的な法人に限られてきましたが、これからは、多くの医療法人にとって、生き残りをかけた事業戦略の一つの方向性として、重要なポジションを占めていくことはまちがいありません。

医療法人の参入によって、どのような高齢者住宅が増えるのかポイントを三つ挙げておきます。

❶好立地の医療法人

今後、有料老人ホーム事業への参入が増えると考えられるのが、内科・外科などの複数の診療科目をもつ五〇～一〇〇床程度の中小規模の急性期病院を経営する医療法人です。

高齢者住宅事業参入に適している理由の一つは、病院の立地です。これまで担ってきた役割から、これら民間病院は、駅前や住宅街など交通至便な中心部にあり、有料老人ホームなどの高齢者住宅事業に適したロケーションにあるものが多いからです。この規模の病院は、めだった特徴がない限り、医療機関としてはこれから最も運営が厳しくなると言われており、高齢者住宅事業への参入の相談は増えています。隣接した駐車場の有効利用だけでなく、老朽化による建て替えも検討されています。

❷病院や診療所との合築

医療法人参入解禁による変化の一つは、単独型ではなく、訪問看護や診療所との合築による医療複合型の高齢者住宅です。

これまでも、医療法人が母体となって社会福祉法人や株式会社を開設し、特別養護老人ホームや有料老人ホーム事業に参入することは可能だったのですが、別法人ということから建物や土地は厳格に分ける必要がありました。現在でも、有料老人ホームの一部に診療所などが入っているところもありますが、これはテナントという形を採っています。

しかし、今後は、同一の建物内で、一階部分は外来、二階・三階は一般病床とし、三階以上は有料老人ホームというように複合施設として運営を行うということができます。同一法人が運営する訪問介護サービス事業所、訪問看護ステーションなどを同施設内に誘致することも可能です。特に、駅前や交通至便な住宅地にある病院は、このような複合施設と高齢者住宅との合築タイプが増えていくと考えています。

❸対象は医療ニーズの高い高齢者

医療法人が運営する高齢者住宅で、そのターゲットとなるのは、医療ニーズの高い要介護高齢者です。医療法人の有料老人ホーム参入は、これまでの介護サービスを中心とした特別養護老人ホームと類似した介護付有料老人ホームから、医療ケアを含めた高齢者住宅へと、サービスの幅が広がるということを示しています。

胃ろう、鼻腔栄養、気管切開など一定の医療管理が必要で、これまで長期入院をしていた高齢者も、平均在院日数の管理強化によって、基本的な治療が終われば早期退院が求められるようになります。現在でもパンフレットには、「気管切開やＩＶＨ（中心静脈栄養）の高齢者も対応可能」「要相談」としている介護付有料老人ホームもありますが、介護スタッフでは、医療行為とされる「痰の吸引」「インシュリンの注射」などができないため、看護スタッフを欠いた人員配置で実際には対応できないところも少なくありません。特養ホームの介護スタッフに対しては、これら医療行為の一部解禁が行われることになりましたが、責任の所在やスタッフのストレス、トラブル時の対応など、課題は残っています。

医療法人にも有料老人ホームなどの高齢者住宅事業が解禁された理由の一つは、この医療依存度の高い高齢者対応への期待があります。「在宅医療の強化」「重度要介護高齢者への対応強化」は制度の方向性にも合致しています。

さらにサービスの多様化は進み、対象者の多い東京・大阪などの大都市部では、腎臓病や糖尿病など、医療ニーズを限定した高齢者住宅が開設されることになるでしょう。生活上、大きな負担となる人工透析が必要な高齢者を対象とした高齢者住宅もニーズとしては高いでしょう。

それぞれのサービスの特性を生かして、高齢者住宅という快適な生活空間の中で、病院に入院しているようなサービスを得ることかできれば、それは入居者や家族にとって、大きな安心となります。現在のサービス内容を踏まえ、医療という武器を生かすことが、医療法人の高齢者住宅事業成功のために、不可欠な視点です。

四　低所得者に対応する高齢者住宅

これから多くの自治体が直面する「低所得者対策」「介護対策」「住宅対策」を一体的に検討・解決するために、早急に整備しなければならないのは、「低所得者の要介護高齢者住宅」です。

現在でも特別養護老人ホームは、「要介護４・要介護５などの重度要介護」「独居（一人住まい）高齢者」などの高齢者を優先するとされています。しかし、一人住まいの重度要介護高齢者だけでなく、介護虐待・介護放棄などが今後ますます増加すると予想されており、これらの緊急対応も必要なことから、特養ホームは今以上にせまき門となることはまちがいありません。

毎月、二〇万円以上の利用料を支払うことができるのであれば、民間の介護付有料老人ホームへの入居も可能ですが、低所得者層・中間層を対象とした要介護高齢者に対する住宅施策は、ほとんど検討されていないというのが現実です。日本政策投資銀行は、高齢者住宅や介護施設などへの入居が必要な高齢者が二〇三五年までに約一三六万人増え、そのうち四割は、経済的に有料老人ホームへの入居が困難になるとの試算を出しています。

「低所得者の要介護高齢者住宅」とはどのようなものか、イメージを出しておきます。

①自宅で生活できない、要介護2～要介護5の高齢者を対象とする
②家賃補助、住宅扶助が可能な価格設定
③共用部に対する一定の補助・低利融資制度の利用
④公募・ＰＦＩ・運営委託
⑤生活サポートサービスと住宅サービスの分離

❶対象者

対象は、自宅で生活できない要介護高齢者です。「高齢者住宅」「老人ホーム」と言っても、元気な高齢者が快適に暮らすための建物・設備と、要介護高齢者が安心して暮らすことのできる建物は基本的に違います。施設的ではないものを求める自立高齢者は「自由度」「独立性」を重視しますが、要介護状態になれば「生活動線」「介護動線」が必要となります。私たちは、先に述べた、可変性・汎用性の検討を進めていますが、それでも「自立高齢者」と「要介護高齢者」双方のニーズに同時に応えるシステムを構築することはできません。

私は、要介護2より重い要介護度の高齢者をイメージしています。特定施設入居者生活介護の指定を受けて、食事や介護看護、生活相談などのサービスを一体的に受けられることが必要です。また、建物・設備は全室個室、ユニットケアなどを中心とした要介護高齢者に対応できるものとすべきです。ただし、要介護状態が変化するにつれて、必要な介護システム・建物設備は変化していき

ますから、その商品設計には、可変性、汎用性の視点が必要になります。

❷価格設定

無理に低価格に抑える必要はなく、その地域の中間層を対象とした価格設定にすべきだと考えています。支払い可能な高齢者には相応の負担を求めるべきですし、低所得者には、家賃補助や生活保護の生活扶助が受けられるような設定が必要です。

述べたように、高齢者住宅の居住権については、現在の利用権や借家権ではない抜本的な見直しが必要だと考えていますが、家賃補助、生活扶助対象となることを考えると、現在の制度下では賃貸住宅（借家権）になるでしょう。

❸補助・低利融資・税制の優遇

三点目は補助や低利融資です。地域によっては、事業者の参加を促すために、建設補助や低利融資などの優遇措置も検討すべきでしょう。これまでも「高齢者向け優良賃貸住宅（高優賃）」（二〇〇七年度からは地域優良賃貸住宅（高齢者型））のように、優良な高齢者向けの賃貸住宅整備に対しては、補助や優遇措置が行われています。

ただこの高優賃の整備基準は、元気な高齢者の生活をイメージとした各居室内基準が中心のものであり、要介護高齢者を対象としたものではありません。そのため、有用な制度であるにもかかわらず整備が進んでいません。この建物・設備基準を、要介護高齢者を対象としたものに置き換え、補助・低利融資を活用すべきだと考えています。

❹公募・ＰＦＩ・運営委託

行政管理の下で、「低所得者の要介護高齢者住宅」を増やすには三つの方法が考えられます。

一つは、特定施設入居者生活介護の指定を前提とした公募です。基本的な指針やターゲット、サービス内容、価格設定、指定枠、入居基準などについて行政（市町村）が示し、これに対して、事業希望者がそれぞれに事業計画を策定、市町村は事業リスク、事業者のノウハウ、事業者の安定性などを慎重に審査し、指定事業者を決定するというものです。建物の所有権は、事業者にあります。

二つ目は、ケアハウスでも行われたＰＦＩ手法の検討です。最初の公募方式と大きくは変わりませんが、事業者が決定すると、事業者が建物・設備を建設。竣工後は事業者が市町村に建物を売却し市町村が所有。市町村は、事業者へ建物・設備を賃貸借し、事業者が運営・建物設備の維持管理を行います。「ＢＴＯ方式」と呼ばれるもので、民間の企画力によって総事業費を削減し、かつ事業の安定性を高める一つの手法です。市町村や地方住宅供給公社などが所有・管理する土地に、事業者が建物を建てるということもできます。

この手法はケアハウスの民間企業参入検討の中でも行われましたが、ケアハウスは福祉施設であることから、事業性が乏しいことに加え、運営にあたって特定施設入居者生活介護の指定が求められたことから、あまり活発化しませんでしたが、事業者独自の創意工夫が可能な高齢者住宅に適用するには優れた方法だと考えています。

もう一つは、運営委託です。建物設備は、市町村が建設し、実際の運営を地域の社会福祉法人や医療法人に委託するというものです。入居者募集リスクを考えると、運営事業者に対して一棟貸しとするのか、部屋単位や入居率によって賃借料を検討するのか、家賃だけは市町村が徴収するのかなどについては、ケースごとに検討すべきでしょう。

❺住宅とサービスの分離

このＰＦＩや運営委託は、高齢者住宅を建設・管理する事業者と、食事・介護・生活相談などの生活サポートサービスを包括して請け負う事業者との責任の分離を意味しています。この責任の分離は、リスクの分散という視点から、これからの高齢者住宅整備に重要な視点です。

現在でも、社会福祉法人が、有料老人ホームや高専賃などの高齢者住宅事業に参入するケースが増えていますが、その公益性・社会性を考えると、経営リスクの高い不動産事業に参入すべきではありません。事業に失敗して破産する社会福祉法人も出てきていますが、その理事会や指導すべき都道府県は厳しく糾弾されるべきでしょう。

ただし、その一方で高齢者施設や高齢者介護事業の運営に対して、社会福祉法人が一定のノウハウを持っているということも事実です。

現在、民間企業が運営する有料老人ホームでも、土地や建物を地主やオーナーが建設し、それを丸ごと賃借するという「一棟借」という形が増えています。今後、民間企業が参入していないような地域にも、高齢者住宅は必要になりますから、低所得者を対象とした高齢者住宅事業の展開には、地域の社会福祉法人の協力は不可欠です。その場合、社会福祉法人は「生活サポートサービス運営」に力をそそぎ、不動産事業のリスクは分離し、回避できるような仕組み作りが必要でしょう。

以上、五点挙げましたが、私のイメージするものは、「要介護高齢者対象の市営住宅」です。

私は、「介護対策」「住宅対策」は老人福祉施策とは分離し、低所得者対策は生活保護や家賃補助で行うべきだと考えています。高額な施設補助を使って、豪華な特別養護老人ホームを作るよりも、要介護高齢者を対象としたシステムを整えた住居を建設し、家賃補助などでサポートするほうが、行財政・介護保険財政ともに、効率的な運営が可能です。特養ホームのような福祉施設は、単価が高くなりがちですが、建物や制度は有料老人ホームの規格にして借家権方式にすれば、居室内も小さくてすみ、かつ住宅扶助などでの対応も可能となります。

また、その建物・設備等の設置基準は、各都道府県で緩和されるべきだと考えています。

加齢変化が大きい高齢者の特性、介護保険制度の方向性を考えると、これからの高齢者住宅は、一部の富裕層を対象としたものを除き、中度～重度要介護高齢者を対象としたものに集約されていきます。

高専賃の新登録基準（以前、一定水準の高専賃）は、自立高齢者を対象とした居室内基準ですから、これを満たし、かつ要介護高齢者に対応できるように共用部を整備するとなると建物自体が大きく、高額なものとなってしまいます。有料老人ホームに関しても、高額な建築費にならないように、容積率などの算定基準や建物・設備の最小基準を緩和し、地域ニーズに合わせて柔軟に対応できるようにすべきでしょう。

現在私たちは一つのプロジェクトとして、低所得者の要介護高齢者を対象とした高齢者住宅のモデルを、「建物・設備・介護システム・価格」の面から一体的に検討しています。住宅としての独立性を維持しつつ、サービスの効率性、可変性・汎用性を高め、同時に価格をどのように抑えるのかがその主眼です。

新型特養ホームと比較すると、建設費補助や介護保険等の社会保障費を数億円の単位で圧縮することができますし、民間事業で行うことにより、利益課税による再分配も可能です。また、建物・設備を工夫することによって、「老老介護」「認認介護」などの問題に対応できるよう、夫婦や兄弟姉妹等の二人同時入居も可能となります。

現在、無届施設や劣悪な環境の高専賃が増え続けるのは、行き場がない要介護高齢者が増えているからです。基本的な人権すら守られず悲惨な生活を余儀なくされる高齢者が増えるということでもあります。高齢者住宅の質の底上げのためには、制度や省庁間の歪みを解消し、「低所得者の要介護高齢者住宅」を整備することが不可欠で、その基準・システムを早急に構築することが必要です。

五　高齢者マンション

関西地方発で、高齢者向けの分譲マンションが多く建設されています。最近は関東でも増加しているようです。高齢者住宅として、有料老人ホーム、高齢者専用賃貸住宅が制度化されていますが、特に元気な高齢者の中には、「老人ホーム・高齢者専用住宅はイメージが悪い」という声は小さくありません。その一方で、「子供が独立したので夫婦二人だけでは家が大きすぎる」「定年を機に都市部のマンションに移りたい」というニーズは増えています。

高齢者、また高齢期に向かう壮年者を対象とした分譲マンションの構想は、民間企業の発想からすれば、当然のことだと言えます。マンション不況で、一般のファミリータイプのマンションは苦戦しているようですから、「高齢者を対象とした分譲マンションを企画したい」という相談は、いくつかのディベロッパーからもあります。

じつは、私も介護保険制度ができた当初、高齢者対応の分譲マンションを、ディベロッパー、医療法人、介護サービス事業者、管理会社、警備会社などと共同で検討したことがあります。しかし、結局商品化には至りませんでした。当時検討した中で、分譲マンションを高齢者住宅として売り出すために、引っかかった問題は三つあります。

❶所有権の問題

一つは、所有権の問題です。有料老人ホームのあいまいな利用権に課題が多いということは事実で、これを高額の入居一時金で購入させるという方式が、その問題を大きくしています。利用権そのものが法的に整備された権利ではなく、契約上の権利ですから、高額の一時金を支払っていても、退居を求められることがあります。事業者に強く、入居者に弱い権利だと言えます。高額な有料老人ホームの入居一時金は数千万円以上で、分譲マンションを購入する金額とたいして変わりませんから、あいまいな利用権よりは、強い所有権の方がよいと考える人は多いでしょう。

しかし、自分の権利が強いということは他人の権利も強いということです。

入居時は元気でも、加齢によって身体機能は低下し要介護状態になります。特に、認知症の周辺症状が発生すると、近隣トラブルは大きくなりますが、当然「所有物」ですから退居を求めることもできませんし、問題は自分たち（管理組合など）で解決しなければなりません。ただ、このような場合、本人は迷惑をかけているという自覚がないため、話し合いで解決することはむずかしいというのが現実です。ゴミ出し、火の不始末などのトラブルも大きくなります。

当然、これは一般の分譲マンションでも同じですし、個人の責任で解決すべきものです。一般のマンションでも音楽や足音などでの近隣トラブルは発生しています。しかし、「高齢者対応」と銘打つ限り、発生可能性が高い認知症などのトラブル・リスクに対する何らかの方策・対応が求められるのではないかという意見が出ました。

しかし、それに対する明確な答えを出すことはできませんでした。

❷資産価値の問題

二つ目は資産価値の問題です。

あいまいな利用権とは違い、「所有権」は、所有者の自由な「使用・処分」が保証されますから、マンションとしての資産価値が期待されます。弱い利用権に数千万円を払うのにくらべれば、たしかに魅力的です。実際に不動産業者がマンションを販売する場合、この「資産価値」というものが最大のアピールポイントとなります。

しかし、法的には資産として認められていても、実際に金銭的な資産として成り立つためには、その流通市場が必要となります。現在は、「高齢者マンション市場」というものがないため、転売する場合、一般の中古マンションとして流通させることになりますが、本当に引き受けてくれる仲介業者があるのか、また、それは将来にわたって見込めるのかという点に疑義が生じます。残念ながら、当時の私たちには、その将来的な仲介や販売を引き受けるだけの力量もありませんでした。

流通しない限り、市場で販売することはできませんし、自分たちで売却先を探すということは現実的には不可能です。最悪の場合、住むことも、売却することもできずに、固定資産税だけが発生するということになります。厳密に「資産価値」をアピールするにはむずかしいという結論となりました。

❸サービス提供責任

もう一つ、私たちが検討した中で、最大の課題は、サービス提供責任を誰が担保するのかということです。

高齢者分譲マンションには、一般のマンション管理に加え、コンシェルジュや医療介護サービスとの提携、棟内レストランなど、様々なサービスが提供されています。高齢者の生活を考えた豊富な生活サポートメニューが一つのセールスポイントです。ただし、商品設計においては、これらは誰の責任で、どのような契約で提供されるのかということを検討しなければなりません。

一般の分譲マンション管理の場合、管理会社と契約するのはマンション入居者で組織された理事会（管理組合）となります。おそらく、高齢者マンションでも、それぞれのサービスとの契約は、同様に理事会が行うことになるのでしょうが、その場合、販売時に謳ったサービスを誰がどのように保証するのかという問題がでてきます。

たとえばレストラン。利用者が少なければ撤退するでしょうし、値上がりもするでしょう。一般の管理やコンシェルジュについても、入居者が集まらなければ、利用料・管理費は上がっていきます。約束していたサービスが削減されたり、提携していたこれらサービス提供者が撤退するという可能性も検討しなければなりません。

当時の企画では、管理会社が調整するということにしていたのですが、それでも管理会社は最終的には「入居後は入居者で組織された理事会の責任ですよ」「私たちはサービスが継続されるかどうかの責任は持ちませんよ」ということになります。各サービス事業者に、当初の契約を義務付けると言っても、竣工後二年程度が限界でしょう。ディベロッパーや主たる管理会社が「将来一〇年にわたって維持を約束する」といった設定が可能なのか検討しましたが、それもむずかしいという判断になりました。

また、管理が必要なく、費用の伴わない外部サービスとの連携や利用割引などを増やすという案もでたのですが、確実なメリットとしてその提携内容を文書化するのはむずかしく、「提携病院」「介護サービス事業者との提携」と銘打っても、有料老人ホームの協力病院と同じで、実際にどのようなメリットがあるのか明確になりません。

これらのサービスが一体となった分譲マンションは、高齢者には魅力的なものですが、そのサービス提供責任がそれぞれバラバラであるため、壊れやすい積み木の家のようなものです。一つのパーツが崩れると、全体のシステムが崩壊することになります。「サービスの安定」「安心・快適」を求める高齢者を対象とした商品として脆弱さは否めないという結論となりました。

以上、私が高齢者分譲マンションの企画を中止した理由を三点挙げましたが、その他、通常のマンション管理、大規模修繕などの問題もあります。当然、これらは私たちが一〇年前に検討した内容であり、現在、販売されている高齢者分譲マンションのことを述べているのではありません。それぞれに商品内容は違い、詳細に検討されているところもあるでしょう。指摘した問題が解決されないとしても、入居希望者に対して十分に説明がなされ、納得の上で選ばれるということであれば、何ら問題はありません。また「どのような状況になっても、安心して暮らせる」ということを保証することなどできないということも事実です。それは有料老人ホームしかり、高専賃しかりです。

ただ、この「所有権」「資産価値」「サービス提供責任」の問題を解決することは簡単ではありません。高額な商品ですから、「安心・快適」というイメージだけで販売し、「売れたら終わり」という商法では限界があます。不十分な説明でトラブルが多発することになれば、将来、売主責任が問われることになるでしょう。

マンション修繕やマンション管理の問題にくわしい株式会社ＣＩＰ社長の須藤氏からも、一般の分譲マンションでも、すでに「資金不足で大規模修繕ができない」「管理費未納者が多く管理できない」といったところもかなりの数に上り、実際には破綻している状態のマンションも増えていると聞きます。問題は資産価値の低下にとどまらず、中には生活上、危険なマンションも出てきています。

近所付き合いなどのわずらわしさを嫌い、マンション暮らしを希望する人が多いのですが、一般のマンションであっても、そのサービス水準・資産価値を維持していくことはそれほど簡単ではありません。それが高齢者分譲マンションとなれば、入居者は高齢者ですから、トラブルへの対応力は低下します。また、「元気なうちだけ快適に過ごせればよい」という目的で高齢者住宅に入居するわけではなく、いずれ介護が必要なときもくるでしょうから、そうしたケースもふくめて、その商品内容やリスク、責任などについて誤解がないよう、十分に説明されなければなりません。トラブルも指摘され始めていますから、これらの問題をあいまいにしたままでは、高齢者分譲マンションはこれ以上の成長・拡大は見込めないでしょう。

あとがき

私が、高齢者介護の仕事を始めたのは、もう一七年以上前になります。介護福祉士・ケアワーカーと、今のように介護サービスが取りざたされてはおらず、まだ老人病院では介護は看護師の補助だと考えられていた時代です。はじめの五年間は、介護力強化病院（当時）や特別養護老人ホームの現場で介護の仕事をしていたのですが、それまで都市銀行で、法人融資の仕事をしていた私にとっては、驚きの連続でした。

高齢者介護事業への転職は、いろいろと考えて出した結論でしたが、夜になると徘徊する入所者、排便の失敗や不潔行為など、実際の介護の仕事は私の想像した以上に大変なものでした。はじめは介護士の資格もなく、全く経験もなかったので、たくさんの先輩スタッフに迷惑をかけ、多くの入所者に叱られ、また慰められながら仕事をしてきました。

その中で、たくさんの人と出会い、そして見送ってきました。初めて担当したおばあさんが亡くなられて涙が止まらなかったこと、特攻隊で出撃当日に終戦となったというおじいさん、とてもおしゃれでバレンタインデーにこっそりチョコレートをくれた元デザイナーのおばあさん、入所日に自分が病弱で介護ができないのが申し訳ないと泣かれた娘さん、今でもたくさんの入居者・ご家族のことを覚えています。怒鳴られたことも、一緒に泣いたことも数えられませんし、生き方や人生哲学もたくさん教えてもらいました。

寝たきりや認知症になっても、一人ひとりの高齢者にはそれぞれの人生や歴史があります。ご家族にも個々の考えや事情がありますし、働くスタッフにも、高齢者介護という仕事を選んだ情熱があります。老人ホームの中には、いつもたくさんの思いがあふれています。高齢者住宅事業は、超高齢社会を迎えるこれからの日本に不可欠な事業であり、また「どうすればその入居者に喜んでもらえるだろう」「どうすれば家族に安心してもらえるだろう」と、入居されている高齢者の最後の生活に貢献できる非常にすばらしい仕事です。

「介護は福祉」という時代は終わりました。しかし、介護というサービスは、それぞれの思いに対する心配りの上に成り立つものだということには変わりません。時代が変わり、制度が変化しても、人が人に行う介護サービスの基本はホスピタリティそのものなのです。

超高齢社会を迎えるには、今の日本には人もお金も絶対的に足りないということは事実です。また、「あの人もこの人も困っている」「全て国が何とかすべき」という時代ではありません。しかし、高齢者住宅の制度設計や事業経営にあたっては、入居者、家族、そして現場で働くスタッフの思いを大切にしなければなりません。そうでなければ、制度は長続きしませんし、安定した経営を続けることはできません。

また、介護保険によって、高齢者介護・老人ホームが社会化されたと言っても、新しいマンションや洋服を買うように、積極的で楽しい気持ちだけで探すようなサービスではありません。「子どもとの同居よりも老人ホームの方が快適で気楽」という意見は増えていますが、高齢になってから、介護が必要になってからの転居には不安があるはずですし、家族にも心残りがあるはずです。どれだけ制度や報酬にお金をかけても、高齢者・家族にとって安心して利用・入居できるものでなければ、これからの超高齢社会を支えることはできません。

現在のような「勝ち組・負け組」「法律に違反しなければよい」といった風潮が蔓延する社会は、成熟した社会ではありません。介護サービス事業、高齢者住宅のあるべき姿は、これまでの利益至上主義、暴走している資本主義を見直すよいお手本になるのではないかと思っています。また、そうなることを願っています。

二〇一〇年四月

濱田　孝一

濱田孝一（はまだ こういち）

1967年生まれ。高齢者住宅経営コンサルタント。

1990年、立命館大学経済学部卒業。旧第一勧業銀行入社。その後、介護スタッフ、社会福祉法人マネージャーを経て、2002年、株式会社ウィルステージ設立。現在同社顧問。

社会福祉士、介護支援専門員。宅地建物取引主任者。フィナンシャルプランナー。

主な著書
『失敗しない有料老人ホームの事業戦略』ヒューマンヘルスケアシステム、2005年（同改訂版、2006年）
『家族のための有料老人ホーム基礎講座』花伝社、2006年
『高齢者住宅の課題と未来』ヒューマンヘルスケアシステム、2007年
『有料老人ホームがあぶない——崩壊する高齢者住宅事業』花伝社、2009年

HP〈高齢者住宅事業の未来をどう読むか〉
http://www14.plala.or.jp/koimo01/
MAIL　hamada@willstage.com

有料老人ホーム　大倒産時代を回避せよ

2010年5月20日　初版第1刷発行

著者 ——濱田孝一
発行者 —平田　勝
発行 ——花伝社
発売 ——共栄書房
〒101-0065　東京都千代田区西神田2-7-6 川合ビル
電話　03-3263-3813
FAX　03-3239-8272
E-mail　kadensha@muf.biglobe.ne.jp
URL　http://kadensha.net
振替 ——00140-6-59661
装幀 ——仁川範子
印刷・製本—シナノ印刷株式会社

ISBN978-4-7634-0570-8 C0036

家族のための
有料老人ホーム基礎講座

濱田孝一　定価（本体1600円＋税）

他に類例のない買い物
両親・家族の介護は、ある日突然やってくる。あわてないための、有料老人ホームの基礎知識。多様に進化する有料老人ホームえらびで、失敗しないためのチェックポイント。特養とはどこが違うか。どんなサービスが受けられるか。

有料老人ホームがあぶない

濱田孝一　定価（本体1600円＋税）

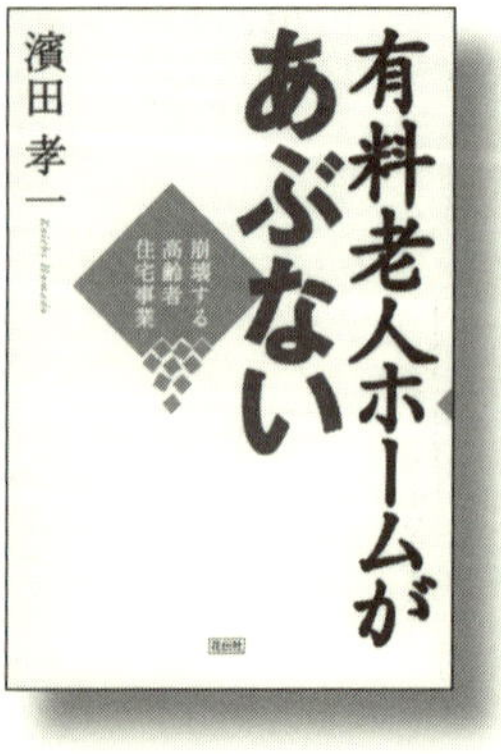

トラブル激増、倒産の危機にたつ有料老人ホーム
迷走する介護保険・高齢者住宅事業。行き場を失う高齢者。問題の根幹はどこにあるか？　大量倒産・崩壊をどう回避するか？